Yazar Hakkında

Esra Ezmeci, İstanbul'da dünyaya geldi. 2008'de İstanbul Bilgi Üniversitesi İletişim Fakültesi'nin Halkla İlişkiler bölümünde lisans öğrenimini tamamladı. 2011 yılında ise İstanbul Haliç Üniversitesi'nde Psikoloji alanında yeniden lisans öğrenimi gördü. Bölümünü birincilikle tamamlayan Ezmeci, ardından aynı kurumda Klinik Psikoloji üzerine yüksek lisansa başladı. Yüksek lisansın ardından öğrenimine, Adli Bilimler alanında doktora yapmak üzere devam etti.

Kariyerine İstanbul Çapa Devlet Hastanesi'nin Psikiyatri bölümünde staj yaparak başlangıç yapan Ezmeci, sonrasında uzun yıllar boyunca İstanbul Zeytinburnu Balıklı Rum Hastanesi'nde Klinik Psikolog olarak çalıştı. Ardından kendi terapi merkezini kurarak, danışanlarına profesyonel destek vermeyi sürdürdü. Bireysel danışmanlık, aile-ilişki-evlilik danışmanlıkları, ergen psikolojisi, bağımlılık tedavisi vb. alanlarda klinik hizmeti vermenin yanında özellikle "Geçmiş Temizleme Terapisi" ve konuya yönelik kaleme aldığı makaleler ve kitaplarıyla farklı kitlelere danışmanlık vermeye devam ediyor.

Uzman Klinik Psikolog Esra Ezmeci, *Süt Lekesi, Düştüğünde Kalkarsan Hayat Güzeldir, Kararı Ben Veririm* ve *Kadınlar Sıcak Erkekler Soğuk Sever* adlı çok satan kitapların yazarıdır.

DESTEK yayınları

DESTEK MEDYA GRUBU

DESTEK YAYINLARI: 1115
PSİKOLOJİ: 8

ESRA EZMECİ / DÜŞTÜĞÜNDE KALKARSAN HAYAT GÜZELDİR

İmtiyaz Sahibi: Yelda Cumalıoğlu
Genel Yayın Yönetmeni: Ertürk Akşun
Yayın Koordinatörü: Özlem Esmergül
Editör: Özlem Küskü
Son Okuma: Devrim Yalkut
Kapak Tasarım: İlknur Muştu
Sayfa Düzeni: Cansu Poroy
Sosyal Medya-Grafik: Tuğçe Budak - Mesud Topal

Destek Yayınları: Mayıs 2019 (10.000 Adet)
12. -18. Baskı: 2019
19.-100. Baskı: 2020
101.-360. Baskı: 2021
361.-380. Baskı: Mart 2022
381.-400. Baskı: Nisan 2022
Yayıncı Sertifika No. 13226

ISBN 978-605-311-598-4

Abdi İpekçi Caddesi No. 31/5 Nişantaşı/İstanbul
Tel. (0) 212 252 22 42
Faks: (0) 212 252 22 43
www.destekdukkan.com
info@destekyayinlari.com
facebook.com/DestekYayinevi
twitter.com/destekyayinlari
instagram.com/destekyayinlari
www.destekmedyagrubu.com

Destek Dukkan

Deniz Ofset – Çetin Koçak
Sertifika No. 48625
Maltepe Mahallesi
Hastane Yolu Sokak No. 1/6
Zeytinburnu / İstanbul
Tel. (0) 212 613 30 06

DESTEK yayınları KARAKARGA BEYAZ BAYKUŞ genç DESTEK

Uzman Psikolog

ESRA EZMECİ

Düştüğünde Kalkarsan *Hayat Güzeldir*

DESTEK yayınları

İÇİNDEKİLER

1. BÖLÜM

Kendini Yönetme Sanatı

Her Şeye Rağmen Hayat

Yaşam size ne getirir
bilemezsiniz ama sizden
ne götüreceğini siz
belirlersiniz.

İyi insanların bir şekilde korunduğuna inancımı hiçbir zaman kaybetmedim. O yüzden belki saf olan tarafımı hep korumaya çalıştım. İnsanların iyi olduğuna inanışım, belki herkesin özünün başlangıçta iyi olduğunu ama sonradan yaşadıklarıyla, öğrendikleriyle başka bir insana dönüştüğünü düşünmemden geliyor. Ben hep birine kızdığımda ya da yargılamaya başladığımda onun 3-4 yaşındaki saf ve masum halini gözümün önüne getirmeye çalışırım. O küçük çocuk ister miydi kötü biri olmak, kalp kırmak? Belki bu yüzden hayatta kimseye kızgın ya da kırgın kalamıyorum, içimde yaşadığım duygular affetme durumuna bile gelmeden onun çocuk halini gözümün önüne getirmemle başka şeylere dönüşüyor. Tabii ki özel alanımı, hayatımı, duygularımı oluşturduğum bir koruma kalkanıyla koruyorum ama büyük hayal kırıklıklarına, pişmanlıklara da meydan vermiyorum.

Yaşamda bazen bize en çok zarar veren şey kendi benliğimiz ve kendi seçimlerimizdir. Benlik yapımızda bizi hataya sürükleyen düşünceler, davranışlar, tekrarlayan yanlış seçimlerimiz varsa yeniden doğmak için benliğinizi öldürmemiz gerekir.

Üzülmeyi, ağlamayı, ilişkilerde kırılmayı bile bile siz seçmediniz ama sizi üzebilecek ya da birçok kez üzmüş bir insanı hayatınızda tutup, sınırlarınızın dışına çıkarma sorumluluğunu almamayı siz seçtiniz. Yani benim yaptığım gibi bir koruma kalkanı oluşturmadınız. Size yaşamınızda zarar veren bir kişiyi, korku ve kaygılarınız yüzünden hayatınızda tutmakta ısrar ettiniz. Çünkü o olmazsa yaşayamam dediniz, o olmazsa yarım kalırım dediniz. Yaşamınızda aynı şekilde gerçekleşen, tekrar eden döngülerden ders almadınız ya da alsanız da belki bunları hayatınıza uygulayamadınız.

Her ne oldu ise, her ne oluyor ise, her ne yaşanıyor ise, bugün olanlar dün yaptıklarınızın veya yapmadıklarınızın; yarın olacaklar ise bugün yaptıklarınızın ya da yapmadıklarınızın sonuçlarıdır. Başınıza neler geleceğini, yaşamın size neler getireceğini belki bilemezsiniz ama sizden neler götürebileceğine siz karar verir; siz isterseniz izin verirsiniz.

İstanbul'da diş hekimi bir babanın ve eczacı annenin ilk kızı olarak dünyaya açtım gözlerimi. Üniversitede ilk olarak psikolojiden farklı bir bölüm okudum, daha sonra herkese yardım etme isteği ve insan psikolojisine olan ilgim beni psikologluğa yöneltti. O zamanlar evliydim ve oğluma hamileydim. Tekrar üniversite sınavına girdim ve psikoloji bölümünü kazandım. Hem lisans hem yüksek lisansımı birincilikle bitirdim. Ardından klinik psikoloji doktorasına başladım. Daha sonra hem mesleğimi yaptım hem de ihtiyacı olan kişilere ücretsiz terapiler verdim, ayrıca maddi zorluklar yaşayan kişilere maddi desteklerde bulundum, çeşitli TV programlarında uzman psikolog olarak konuk oldum. Çapa Tıp Fakültesi Psikiyatri Servisi'nde staj yaptıktan sonra, Balıklı Rum Hastanesi'nde Bağımlılık Bölümü'nde çalıştım.

Çıktığım yolda yüzlerce insanla tanıştım, onların sorunlarını dinledim, destek olmaya çalıştım. Çok ilginç hikâyelere de şahit oldum, zaman zaman da hepimizin aynı sularda boğulduğunu gördüm. Her birimiz her ne kadar eşsiz de olsak hepimiz aynı sorunları yaşıyor, aynı dertlere kederleniyor ve aynı yerlerimizden acıyoruz. Buna defalarca tanıklık ettim.

Şu an benim yaşam amacım diğer insanlara dokunabilmek, o yüzden çeşitli yardım kuruluşlarının bünyesinde aktif olarak çalışmaya devam ediyorum. Kalbinde insan sevgisi taşıyan, kendine güvenen bir insanın başaramayacağı şey yoktur bunu biliyorum. Bazen hayat yolumuza engelleri o işi diğer herkesten daha iyi şekilde başarmamız için çıkarır. Bütün bu niyetlerimi mesleğime dönüştürdüm. Hayat amacım şimdi benim mesleğim oldu...

Hiç dikkat ettiniz mi, sokakta yürürken, kafede kahvemizi yudumlarken, bankada sıra beklerken ya telefonun diğer ucundakine, ya yanımızda kahvemize eşlik eden yakın dostumuza, ya da sırada bizimle birlikte bekleyen o hiç tanımadığımız insana bir şeyler anlatır dururuz. İçinden çıkılmayacakmış gibi ya da çok büyük yaşantılar gibi anlattığımız şeyler aslında defalarca yaşadığımız hatta binlerce yıldır yaşanan, hepimizin başına gelen olaylardır. Ya ilişkimiz bir viraja girmiştir, ya aldatılmışızdır, ya evlilik arifesinde bazı kaygılarımız vardır ya da birine kızmışızdır, üzülmüşüzdür, kendimizle ilgili memnun olmadığımız şeyler vardır, kendimizi işe yaramaz hissediyoruzdur, ihanete uğramışızdır. Bu liste uzar gider ama bahsetmek ve altını çizmek istediğim şey bu listenin hemen herkes için aynı olduğudur. Hepimiz benzer şeyler yaşarız. Önemli olan çözümleri nerede aradığımızdır. Mutluluğun bir reçetesi yok belki ama mutluluğa, huzura, dinginliğe ve iyi hissetmeye uzanan yolda fark etmemiz gereken şeyler var. Bu kitap bunun için yazıldı.

Yazdıklarım iki bölümden oluşuyor. İlk bölümde hemen hepimizin hissetmekten kaçamadığı temel duygular ve davranışlardan bahsettim. Bizi yoran, yolumuzu tıkayan, üzüntü, kaygı, depresyona yol açan, ilişkilerimizde yolumuza engel çıkaran temel meseleleri ortaya koydum. Adına "Kendini Yönetme Sanatı" dedim çünkü kendini yönetmek hayatı yönetmektir. Etrafınızdaki insanlar sizden sürekli bir beklenti içindedir, herkes farklı bir taleple gelir. Ancak siz kendi hayatınızın ana kumanda merkezine oturarak etrafınızı ve ilişkilerinizi yönetebilirsiniz. Bu bölüm hayatınızın iplerini başkalarından alıp bir kuklaya dönüşmekten korunmanın önemli noktalarını anlatıyor.

İkinci bölümde ise ilişkiler üzerine düşünmekten ve kafa yormaktan kaçamadığımız ve kendimize sorduğumuz soruları yanıtladım. Dedim ya hemen hepimiz aynı sularda boğuluyoruz diye... Sorunlar belli, çözümleri de oldukça net aslında.

Aslına bakarsanız şikâyet ettiğimiz şeyler genel olarak başkaları, onların tutum ve davranışları olsa da bunları belirleyen aslında bizim içimizde yatan bazı kalıplardır. Bu kalıpların üzerine gidemezsek adeta bir kısırdöngü gibi tekrar tekrar aynı şeyleri yaşar dururuz.

O yüzden biraz cesaret diyorum. Başkalarına bakma cesaretini biraz da kendimize bakma cesaretine dönüştürelim. İçimizde kırılmayan kalıpları hemen olmasa da biraz esnetmenin yollarını bulalım. Bazen hayır diyelim, bazen vazgeçelim, bazen affedelim, bazen unutalım, bizi zorlayan duygularımızın üzerine gidelim, sınırlarımızı belirleyelim, hayattan ne istiyoruz sorusunu sorabilelim ve değişim için dönüşümü başlatalım.

Ama hiçbir zaman pes etmeyelim. Kaygılarımızın, korkularımızın esiri olmayalım. Yaşanmamış bir hayattan daha üzücü ne olabilir? Geçmişimizde yaşadığımız travmalar, ekonomik zorluklar, sorumlulukların getirdiği ağır yükler altında bunalmadan ferahfeza yol almanın incelikli taraflarını görebilenlerden olalım. Düştüğümüzde tekrar ayağa kalkalım çünkü düştüğümüzde ayağa kalkabilirsek hayat güzeldir.

Kendinize Yeteri Kadar Değer Veriyor musunuz?

Hiç kimse size kendinizi yetersiz, değersiz hissettiremez. Siz kendinizi değersiz hissettiğiniz için çevrenizde bunu besleyecek ipuçlarını toplar, anlamlandırır ve hissettiklerinizi size ispatlayacak insanları hayatınıza çekersiniz.

Kendinizi nasıl görüyorsunuz?

Nasıl biri olduğunuzu düşünüyorsunuz?

Kendinizi tanımak için sorular soruyor musunuz?

Ya da sorduğunuz sorulara dürüstçe cevaplar verebiliyor musunuz?

Herkesin zihninde kendini tanımladığı kişisel bir imge, içsel olarak da inandığı bir "ben" algısı vardır. Kendinizi nasıl görüyorsanız öyle davranır ve karşınızdaki insanları da buna ikna edersiniz. Örneğin pek de güzel olmadığınızı düşünüyorsanız, bilinçsiz bir şekilde kendinizi çekici görünüme kavuşturacak herhangi bir girişimde bulunmaktan alıkoyarsınız ya da insanlarla iletişim kurmaktan kaçarsınız. Zaten ben güzel değilim diyerek yapmak istediğiniz, olmak istediğiniz durumlara engel koyarsınız.

Kendinize dair düşüncelerinizi sakladığınızı düşünürsünüz ama yanılırsınız, bunların hepsi bir şekilde sizden taşar ve etrafınıza yayılır. Kendiniz hakkındaki her düşünceniz başka insanların sizin hakkınızda neler hissettiğini etkiler. İletişimimizin birçoğu bilinçdışından gerçekleştiği için, etrafınızdaki insanlar sürekli olarak sizin beden dilinize, ses tonunuza bakarlar ve gönderdiğiniz duygusal sinyalleri görürler, bunlara karşılık verirler. Çok olumlu şeyler söylerken bile farkında olmadan beden dilinizle tamamen farklı bir mesaj verebilirsiniz. Omuzlarınızın çökmesi, yüz ifadeniz, bakışlarınız, elleriniz sizin içinizdeki duyguları yansıtır. O yüzden içsel olarak kendinizle ilgili hissettikleriniz çok önemlidir. İçinizdekiler sizin dış dünyanızı yaratır.

Zaman zaman kendinizi değersiz hissettiğiniz anlar olur. Söylenilen bir söz, bir ima içinizde bir yerlere çarpar ve kendinizi kötü, önemsiz, işe yaramaz gibi hissedersiniz. Aslına bakarsanız ortada size kasıtlı olarak yapılan bir şey de yoktur ama siz içinizde öyle bir fırtınaya kapılırsınız ki karşınızdaki size iltifat ediyor bile olsa sizin içinizde kış kıyamet kopuyordur. Kenara çekilir, üzülür, ağlarsınız, iyi şeyleri hak etmediğinizi düşünür, kendinize layık olana uzanıp erişemezsiniz bile. Başkaları tarafından sevilebileceğinize inanmaz, kendinizi başkalarından aşağıda görürsünüz. Başkalarına yapamadığınız en sert eleştirileri kendinize yöneltir, tabiri caizse kendinizi duvardan duvara vurursunuz. Hep eksik ve yetersizsinizdir ve ne yaparsanız yapın asla "iyi" değilsinizdir.

Tarif ettiğim tüm bu yaşananların adı değersizlik hissidir. Değersizlik hissinin tohumları siz dünyaya gözlerinizi açtıktan sonraki ilk çocukluk zamanlarında atılır. Kendinize yönelik geliştirdiğiniz olumsuz duygular ve şablonlar, içinde yetiştiğiniz aile yaşantısı eşliğinde çocuklukta yaşadığınız olaylarla bilincinize yerleşir. Hatta öyle bir yerleşir ki bunlar artık sizin doğrularınız, hayata dair inanışlarınız olur.

Çocukken anne babanız tarafından size sürekli olarak işe yaramaz olduğunuz söylenirse siz bunu içselleştirmeye ve öyle olduğunuza inanmaya başlar, bunu bir etiket gibi üzerinize yapıştırırsınız. Sürekli eleştiriye maruz kalmak, sevgisizlik, aşağılanma gibi şeyler içinize öyle bir işler ki yetişkin olduğunuzda bunlar artık sizin hayatınızın bir parçası ve normali olurlar.

Bu yanlış kodlamaları içselleştirmeniz sonucundaysa hayata karşı daha korkak, çekingen davranıp gerçekte sahip olduğunuz potansiyelin ortaya çıkmasına engel olur ve hak etmediğiniz yanlış insanları yaşamınıza çekersiniz. Hatta size iyi davranan ve size iyi hissettirecek insanları da göremezsiniz çünkü zaten siz içinizde yaşadığınız değersizlikle iyi şeyleri hak etmediğinizi düşünürsünüz.

Yetiştirilme tarzı olarak katı bir disiplinle büyütülen, zorlanan, anne babasının tek güç olduğuna inanan, ihmal edilen çocuklarda değersizlik hissi sıklıkla gelişir. Üstüne bir de travma, depresyon gibi şeyler eklendiğinde bu değersizlik hissi pekişir. Bu çocuklar yetişkin olduğunda hem iş hayatında hem de özel hayatında sorunlar yaşar.

Kendinizde değersizlik duygusunun olup olmadığını nasıl anlayabilirsiniz?

Kendinize şu soruları sorun:

İlişkilerinizde sürekli sorun yaşıyor musunuz?

Özgüven problemleriniz var mı?

Hayır demek sizin için ölüm gibi bir şey mi?

İlişkilerinizde bağımlılık probleminiz mi var?

Bu sorulara genel olarak yanıtlarınız evetse siz de yoğun olarak değersizlik duygularıyla baş etmeye çalışıyorsunuz demektir.

Değersizlik duygusundan uzaklaşmak önce kendinizi değerli görmekle başlar. Kendi öz değeriniz bir mucize olarak dünyaya gelmenizden ve şu anda burada nefes alabilecek gücü bulmanızdan kaynaklanır. Değer duygunuzu dışınızdaki şeylerde aramayın. Sakın olduğunuz kişinin yetersiz ve değersiz olduğunu düşünmeyin. Değerli olduğunuzu hissetmek için başkalarının onayına, sevgisine ve doğrulamasına ihtiyacınız yok. Dış koşullar, yerler ve insanlar sizin değerinizi belirlemez. Siz bunlardan bağımsız kendi öz benliğinize tutunarak değerli hissetmelisiniz, kimlik ve kişiliğinizi insanların ihtiyaç, fikir ve söylemleri doğrultusunda değiştirmemeli, öz değerinize inanmalısınız. Sizi değerli kılan şey dışarıdan nasıl göründüğünüz değil, içinizde kim olduğunuzdur.

Gerçekte kim olduğunuzu bulun ve sizi nelerin tanımladığını keşfedin. Her şeyde olmasa da muhakkak bir şeylerde iyisinizdir. Farklı olduğunuz alanları görün ve farklılıklarınızın sizin bir parçanız olduğunu, sizi özel ve değerli kılanın bu olduğunu unutmayın. Kendinizi ortaya koymaktan, hayır demekten, sınır çizmekten korkmayın. İnsanları kaybedeceğim, benden uzaklaşacaklar kaygısına son verin. Sizi siz olduğunuz için sevenler muhakkak var hayatınızda. Bilincinize yerleştirdiğiniz değersizlik şemalarını değiştirmek için harekete geçin. Kendinizi kötü ve değersiz hissettiren insanlarla değil size iyi gelecek insanlarla vakit geçirin ve onları hayatınıza alın.

Kendimi Nasıl Değerli Hissederim?

Sizi değerli kılan şey dış dünyadaki insanların onayı değildir. İnsanları sevin ama değerli hissetmek için onlara bağımlı olmayın.

İnsanlar sizi kendinize biçtiğiniz değerle kabul ederler ve ona göre davranırlar. Peki bu yaşamda sizin kendinize biçtiğiniz değer ne?

Bazen kendimize karşı acımasız davranırız. Başkalarından daha çok kendimizi eleştirdiğimiz olur. Yaşadığımız tatsız deneyimler yüzünden kendimizi eksik bulur ve yetersiz hissederiz. Ya da sadece başkalarının onayını alınca tamamlanmış hissederiz.

Öz değer insanın cinsiyetiyle, yaptığı işle, kazanılan para miktarıyla, ne kadar ünlü olduğuyla gelişen bir şey değildir. "Kendine değer vermek" aslında Yaradan'ın size verdiği varoluş değerinin farkında olmaktan geçer. Herkes doğduğu andan itibaren bir mucize ve bir değerdir.

İnsan önce kendi benliğini, ruh bütünlüğünü severse ve öz değerinin farkında olursa karşısındaki insanlar da ona bu duyguyla yaklaşır. Öz değer sizin içsel gücünüzdür.

Öncelikle kusursuz olma ihtiyacınızdan vazgeçin; kusursuz, mükemmel insan yoktur. Kendinize yönelttiğiniz her türlü yargılama, suçlama ve eleştirme düşüncelerinden vazgeçerek kendinizle içsel bir barış imzalayın. Geçmişin pişmanlığından kurtulun, dersinizi alın ve yolunuza devam edin. Kendinizde, hayatınızda ve sevdiklerinizde takdir ettiğiniz şeyleri görün. Yalnız başınıza kalmaktan korkmayın, daha az düşünün, düşüncelerinizin esiri olmayın ve daha çok hissedin. Sevmeyi öğrenin, daha fazla sevin ve daha az korkun; kendinizi ifade etmeyi öğrenin; kendinizi eleştirip yargılamaya daha az, olduğunuz kişiyi beslemeye ve sevmeye daha çok vakit ayırın. Sizi iyi hissettirecek düşüncelere vakit ayırın, kendinizde sürekli olumsuzluk aramayın, sizin değerinizi fark eden, içinizdeki en iyiyi ortaya çıkaran kişilerle birlikte olun. Hak ettiğiniz sevgiyi ve saygıyı kendinize sunun; bunu yarın, sınavı kazanınca, bir erkek/kız arkadaş bulunca, paranız olunca, daha mutlu hissedince, kilo verince, terfi alınca, evlenince, çocuğunuz olunca değil, şimdi yapın! Çünkü olumlu duygular siz bunu yaptıkça gelişir.

İnsanların sizi nasıl kabul ettiği ya da size ne kadar değer verdiği konusunda her şeyden çok siz sorumlusunuz. Kendinizi nerede görüyorsunuz, nerede hayal ediyorsunuz onu seçin ve "Hangi davranış, tutum bu değerinize uygun olacaktır?" sorusunun cevabını bulun. Bu cevabı benimseyin, hayatınızda uygulayın. Eğer siz bunu kabul eder ve buna göre yaşarsanız diğer insanlar da bunu onaylayacak ve kabul edecektir, kabullenemeyenler de zaten hayatınızdan elenip gideceklerdir. Çünkü sizi değersiz hissettirmeye cesaret edemeyeceklerdir; ederlerse siz, bu davranış karşısında gereken tutumu göstereceksinizdir, bu da sizin değerinizi koruyan sınırınız olacaktır. Siz kendinize bir hiç gibi davranırsanız diğer tüm insanlar sizi kendi değeriniz doğrultusunda kabul edecekler, gerçekten bir hiç olduğunuzu düşüneceklerdir. Önemli biri gibi davranırsanız o zaman diğer insanların sizi önemli biri olarak görmekten başka seçeneği kalmaz.

Yaradılışınız bir mucizedir. Bu mucizeye ihanet etmeyin, ona iyi davranın, değer verin, hak etmediğiniz kötü davranışlardan korunun. Bu sizin sorumluluğunuz olsun. Kendi içinizdeki küçük çocuğu hissedin, ona kötü sakın kötü davranmayın. Bir çocuğu incitmek istemesiniz öyle değil mi? Onun güzel sözler duymaya ve sevilmeye ihtiyacı var.

Öz değer duygunuzu artırmak için 5 öneri:

I. Amaç ve hedeflerinizi belirleyin: Yaşamdaki en büyük güç bir amaca ve hedefe sahip olmaktır. O yüzden kendi değerinizi korumak için, kendinizi gerçekleştirebileceğiniz, kimse için vazgeçmeyeceğiniz amaç ve hedeflerinizin olması çok önemlidir.

II. İlişkilerde bağımlı olmayın: Kendinize ait alanınız, kendinize ait arkadaş ve zevkleriniz olmazsa ilişkide karşınızdaki kişiye bağımlı olursunuz. Bu da sizi mutsuz ettiği gibi öz değer duygunuzu azaltır. Kendinize ait alanınızı koruyun, bağımlı değil, bağlı olun.

III. Herkese hak ettiği kadar değer verin: Değer görmek herkesin hakkı ama karşınızdaki kişi sizi değersiz ve mutsuz hissettirirse orada sınır koymanız çok önemlidir. Karşınızdaki kişi size yeterli itina ve özeni göstermediğinde siz sınır çizemez ve içsel olarak değersiz hissetmeye başlarsınız.

IV. Hayır demeyi öğrenin: Sevmediğiniz ya da yapmak istemediğiniz şeyleri sırf insanları kırmamak ya da kaybetmemek için yapmayın. Sınırlarınız belli olsun, gerektiği yerde hayır demekten çekinmeyin.

V. Duygularınızı ifade edin: Sizi kıran, üzen durumlar olduğunda duygularınızı saklamayın, mutlaka ifade edin. Duygularınızı söylemek hem yükünüzü azaltır, hem değerinizi artırır.

İnançlarımız Nasıl Gerçekliğe Dönüşür?

Belki mutlu ve sevgi dolu deneyimlerin bulunmadığı bir ailede büyüdünüz, bu yüzden küçük yaşlardan itibaren yaşamın zor olduğuna, yeterince iyi, akıllı, başarılı ya da güzel olmadığınıza dair pek çok kısıtlayıcı düşünceyi geliştirdiniz. Belki de birçok zorlukla karşılaştınız, hem çevrenizdekilerin çok acı çekmesine neden oldunuz hem de kendinize acı çektirdiniz. Ve tüm düşünceleriniz ve geleceğe dair inançlarınız bu negatif düşüncelerle doldu.

Şunu bilin ki inançlar kendilerini gerçekleştiren kehanetlere dönüşür, gerçekliğinize şekil verir ve sizi düşündüğünüz kişi yaparlar. Kendiniz ve sevdikleriniz için gerçekten daha iyi bir hayat yaratmak istiyorsanız, sahip olduğunuz inançların size iyi hizmet ettiklerinden, mutluluğunuzu, beden ve ruh sağlığınızı sabote etmediklerinden emin olmanız gerekir. Hayatlarımızı düşüncelerimizle yaratırız. İnançlarımız kısıtlayıcı ve negatifse hayatlarımız da öyle olur. Hayat, size hak ettiğinizi düşündüğünüz insanları ve deneyimleri verir. Size nasıl davranılmasını umuyor ve hak ettiğinizi düşünüyorsanız hayat da öyle davranır. Değersiz olduğunuzu ve hayatın size sunmaya hazır olduğu bir sürü harika ve güzel armağanın hiçbirini hak etmediğinizi düşünüyorsanız, hayat sizi haklı çıkaracaktır.

Bu kehaneti nasıl mı yaratırsınız? Eğer "Tüm erkekler sadakatsizdir!" otomatik düşüncesine sahip bir kadınsanız yani güvensiz düşüncelerle doluysanız, ya tüm erkeklerin aldatacağını düşündüğünüz için buna daha yatkın bir kişiyle ilişkiye girersiniz ya da düşüncelerinizle karşınızdaki kişiden giderek şüphelenmeye başlarsınız, bu şüphelerin içinde karşınızdaki kişi sadakatsiz olmasa da onu boğarak, sürekli kontrol ederek, aşırı kıskanarak, onu sadakatsiz olmaya yöneltirsiniz.

Ve karşınızda kendini gerçekleştiren kehanet! Bunu siz yaptınız, hem de en korktuğunuz noktadan vuruldunuz. Düşünün bakalım yaşadıklarınızı, benzer deneyimlerinizi. Acaba bunlar kendi kişisel inanç ve beklentilerinizden kaynaklanıyor olabilir mi?

Otomatik düşünce ve inançlarınızın farkına varın ve değişmek için adım atın. Bunların hayatınızı ve ilişkilerinizi sabote etmesine izin vermeyin. Siz böyle hissetmeye ve davranmaya başladığınız zaman çevrenizdeki kişilerin de böyle hissedeceğini ve davranacağını unutmayın.

Neden Hep Mutsuz Hissediyorum?

İnsanların birçoğu hayatta
sahip olduklarından çok
sahip olmadıklarını görme
eğilimindedirler. Kronik mutsuzluk
tam da bu yüzden oluşur.

Mutlu insan denince aklınıza ne geliyor? Her şeye sahip bir insan mı? Çok parası olan mı? Çok gezen mi? Çok güzel olan mı? Evli olan mı? İyi bir eşi olan mı? Aslında çok fazla şeye sahip olduğu halde mutsuz olan birçok insan var. Mutluluğun sahip olduklarınızla pek de bir ilgisi yoktur. Mutlu insanlar her şeye sahip olan insanlar değillerdir, onlar önlerine gelen her şeyden ve andan mutluluk çıkarmayı bilenlerdir ve her olumsuz olayın acısına odaklanmaktansa verdiği derse bakmayı tercih ederler. Onlarda her olumsuzluğu olumluya çevirecek içsel bir güç vardır. Ben buna mutluluk gücü diyorum.

Mutluluk gücünü içinde taşıyan insanlar da birçok hata yapar, bekledikleri fırsatları yakalayamamış olabilirler, pek çok şeye sahip değillerdir, hatta şanslı bile değillerdir ama yine de baktıkları tek yer olumsuzluk olmaz, baktıkları yer bardağın dolu tarafıdır ve güvendikleri şey de içsel güçleridir... Mutluluk gücünden habersiz olanlar her baktığı yerde, girdiği her bahçede solgun çiçekler, kurak yerler görürler. Oysa bir bahçeyi güzelleştiren, güzel görmenizi sağlayan şey içinizdeki bu güçtür.

O yüzden mutluluğu başka yerde aramayın, o zaten içinizde bir yerlerde ve siz bulun diye bekliyor.

Bir insan sahip oldukları yerine sahip olmadıklarına odaklanırsa mutlu olması çok zordur. Çünkü hayatta hepimizin her zaman sahip olmadığı bir şey mutlaka olacaktır. İnsan olarak hepimizin çok önemli ihtiyaçları var ama karşılanmış ihtiyaçlar artık bizim için motive edici olmaktan çıkar. Birçoğumuz için güvenliğimiz, sağlığımız ve özgürlüğümüz güvence altındaki ihtiyaçlarımızdır. Sabahları çoğumuz sağlıklı ve yeterli yiyeceği sahip olarak uyandığımız için, çoğumuz bir aileye ve arkadaşlara sahip olduğumuz için, çoğumuz bir iş sahibi olduğumuz ve ihtiyacımız olan birçok şeyi alacak maddi güce sahip olduğumuz için bunların hiçbirini önemsemiyoruz. Bu lütuflara sahip olduğumuz için ne kadar şanslı olduğumuzu gözden kaçırıyoruz. Sağlıkla nefes aldığımızı, bedensel olarak güçlü olduğumuzu unutuyoruz. Bir hafta sonu istediğimizi yapma özgürlüğüne sahip olduğumuz için mutlu olacağımıza, yapacak hiçbir şey yok diye şikâyet ediyoruz. Bir gün istediğimiz yemeği yapmadı diye eşimize, annemize kızıp sinirleniyoruz, çocuğumuz düşük not aldı diye diğer ailelere özeniyoruz. Belki de hiç şükretmiyoruz.

Aklınız sürekli sizde olmayıp başkasında olanda olunca sahip olduklarınız size hep az ve yetersiz geliyor. Oysa yürüyebilecek bacaklarınız, başınızı sokabilecek bir eviniz, gören gözleriniz, duyan kulaklarınız, istediğinizi yiyebilmenize olanak sağlayan sağlığınız, bunları anlayabilecek zekânız ve bilgi birikiminiz var. Üstelik sevebilme yeteneğine sahipsiniz.

Mutlu hissetmek için yapmanız gereken, sizin için önemli değerlere odaklanıp, sahip olduğunuz şeylere şükredip, onların tadına vara vara yaşamaktır. Hayatta bazı şeyler gerçekten de çok önemlidir ancak bazı şeylere olduğundan fazla önem yüklemek gereksizdir. Önemsiz olanlara takılıp, sahip olmadıklarınıza hayıflanırsanız, elinizdekilerin değerini görmezden gelirseniz asla hayattan tat alamazsınız.

Olumsuz durumlar, olumsuz duygular ve kayıplar hayatın getirdiklerindendir. Böyle hissiyatların ve durumların içerisindeyken yaşam bizler için çok anlamsızlaşır, insan umudunu, hayata dair inancını ya da yaşamın ona güzel şeyler getireceğine dair beklentilerini kaybedebilir. Bazen hepimize olur, o olumsuz durumların içinde kaybolup gidecek gibi hissedebiliriz. Oysa her hissiyat zıddıyla birlikte var olur. Mutsuzluk mutluluğun, ağlamak gülmenin, kavga barışmanın, nefret sevmenin, öfkelenmek sakin kalmanın, kaybetmek kazanmanın, hastalık sağlığın, ölüm yaşamın kıymetini anlamak için vardır. Yaşamda olumsuz bir durum yaşamak, olumluları hissetmek için açılan bir kapıdır aslında. Bir durumun, bir duygunun olumsuzluğunu yaşadığınızda, olumlusuna daha hevesle sımsıkı tutunursunuz, onu kaybetmemek adına ne yapmanız gerektiğini daha iyi bilirsiniz, gözünüzde o olumlu duygular daha bir anlamlı olur. Kaybetmeyi öğrenmeyen kazanmayı bilemez. Negatif deneyimler hep sizi daha ileriye götürmeye çalışan öğretmenlerdir.

Hayata karşı sorumluluğumuz payımıza düşen acıyı da, mutluluğu da, mücadeleyi ve sevinci de yaşamaktır. Bunların hepsi bir bütün halinde hayatın ta kendisidir ve hayat bu yüzden yaşamaya değerdir.

Bu yaşamda kim mükemmeldir? Hiç kimse. Kimin hayatı sorunsuzdur? Hiç kimsenin. Kim her gününü muhteşem geçiriyor? Hiç kimse... Her birimizin hayatında mükemmel gitmeyen o kadar çok şey var ki. Ama biz sanki her kötü şey bizim başımıza gelir gibi davranmayı seçeriz bazen. Ya da ufak tefek dertlerimizin arasına gömülür ve haddinden fazla canımızı sıkar, kendimizi suçlarız.

İnsan olarak kabullenmemiz gereken ilk şey bizim bir makine olmadığımızdır. Hayatta hatalar yaparak gelişen ve ilerleyen canlılarız ama hâlâ bunu kabullenmekte zorlanıyoruz. Bir şey iyi gitmediğinde mutsuz oluyoruz, hata yapınca kendimizi acıtıyoruz, yanlış seçimlerimize kızıyoruz. Kısacası mükemmel gitmeyen her ne ise ona odaklanıyoruz, onu telafi etmeye çalışırken mutlu hissedebileceğimiz birçok anı kaçırıyoruz.

Şimdi bir kâğıt kalem alın ve sakince düşünüp nelere sahipsiniz, bugüne kadar neler başardınız, olumlu özellikleriniz neler, bunların hepsinin cevabını bu kâğıda yazın ve hep yanınızda taşıyın. Mutsuzluk üzerinize çöktüğünde bu kâğıdı okuyun. Kendinize kendinizi hatırlatın. Aştığınız zorlukları, kazandığınız başarıları, diğer insanlardan duyduğunuz iyi sözleri, aldığınız takdir ve onayları, hayatta kimler için önemli olduğunuzu fark etmek içinize çektiğiniz bir nefes gibi sizi rahatlatıp mutlu edecektir eminim.

Mutlu bir hayat sürmenizi sağlayacak 6 öneri:

I. Her güne iyi başlayın: Herhangi bir şeye nasıl başladığınız ne kadar huzurlu ve mutlu devam ettireceğinizde önemli bir rol oynar. Gününüze başlama şekliniz tüm günü nasıl geçireceğinizi belirler. Güne pozitif ve güler yüzle başlayın ve bunun için çaba gösterin, devamı bu şekilde gelecektir.

II. Geçmişle zaman kaybetmeyin: Geçmişte yaptığınız hatalar, başarısızlıklar ve yanılgılara takılıp kalırsanız, bugünde ve yarında yaşamak çok zorlaşır, oysa bu hatalar hep bugünün ve geleceğin dersleridir, o yüzden geçmişi karıştırarak zaman kaybetmeyin. Enerjinizi şu an ve gelecek için kullanın.

III. Ertelemekten kaçının: Ertelemek, kendinizi bir tür engelleme ve sabote etme biçimidir. Pazartesiyi beklemeyin şimdi yapın.

IV. Herkese hak ettiği kadar değer verin: Değer görmek herkesin hakkı ama karşınızdaki kişi sizi değersiz hissettirir ve mutsuz hissettirirse orada sınır koymanız çok önemlidir. Karşınızdaki kişi size yeterli itina ve özeni göstermediği halde siz sınır çizemez ve aynı şekilde vermeye devam ederseniz, huzursuzluk tüm ruhunuzu kaplar. "Ne kadar ekmek o kadar köfte" her zaman işe yarar.

V. Bir daha hayatınıza almayacak olsanız da sizi kıranları affedin: Affetmeyi reddetmek, kendinizi tutsak etmeye devam etmek demektir. Huzurlu ve mutlu olmak için sizi inciten ve bir zamanlar üzmüş insanları affetmelisiniz. Çünkü böylece onların size hissettirdiği olumsuz düşüncelerden kurtulabilirsiniz. Kendinize bir ödül verin yani affedin.

VI. Akıllıca güvenin ve akıllıca sevin: İnsanlara güvenmekten çekinmeyin ama temkini de elden bırakmayın, insanlara sevgi gösterin, sevin ama gerektiği yerde sınır çizmesini, dengeli sevmeyi ve öz değerinizi her zaman korumayı öğrenin.

Hayattan Neden Keyif Alamıyorum?

Hayattan keyif almak için sadece kendiniz için değil, başkaları için de hayatı nasıl daha güzel hale getireceğinizi düşünün. Bir başkasının yüzünde tebessüm yaratmak yaşama sunacağınız güzel bir hediyedir.

Bazen her şey anlamını yitirir. Sevdiklerimiz yanımızda, hayatımızdaki diğer tüm şeyler yolunda gitse bile ağzımızın tadı kaçar. İçtiğimiz su, yediğimiz yemek anlamsızlaşır. Hiçbir şey yapmak istemeyiz, parmağımızı bile kımıldatacak motivasyonu kendimizde bulamayız. Peki neden böyle hissederiz?

Tıpta bu durumun adı anhedoni olarak geçer. Anhedoni bir hayattan keyif alamama rahatsızlığıdır. Anhedoninin ilerlemesi depresyona yol açar.

Günümüzün en yaygın psikolojik hastalıklarının başında depresyon gelir. Modern dünyanın getirdiği sorunlar, iletişimsizlik, maddi kaygılar, iş hayatının zorlukları, hastalıklar derken hayatta kalmak için büyük bir mücadele veriyoruz. Her sabah alarmın çalmasıyla başlayan bu mücadelemiz gece yastığımıza başımızı koyuncaya dek sürüyor. Tüm bu koşturma içinde kendimizi bitkin, tükenmiş ve mutsuz hissediyoruz çoğu zaman. Bu da gitgide bir duyarsızlaşma getiriyor ve bizim normalimiz oluyor. Artık hayattan neden keyif almadığımızı sorgulamıyor, bunu aksine çevirmek için mücadele bile etmiyoruz. Zoraki bir kabullenişle kendi ölümümüze razı geliyoruz.

Aslında dışarıdaki koşulları düzeltmemiz her zaman mümkün olmaz. Önemli olan dışarıda kar kış kıyamet varken içimizde çiçeklerin açması, güneşin parlamasıdır. Kendi içsel koşullarınızı düzenlemedikçe mutsuzluğunuzun kaynağı hep farklı bir şekilde de olsa dış dünyada sizi bekliyor olacaktır. Düşünsenize dünyanın derdi sizce bitecek mi?

Peki hayattan keyif almak için neler yapabilirsiniz?

Öncelikle canınızı sıkan problemleri belirleyin. Bunlardan hangilerini çözebilirsiniz, hangilerini çözemezsiniz netleştirin. Çözemeyeceğiniz bir sorun sizi mutsuz ediyorsa bugünden itibaren bu düşünceyi terk edin ve duruma kendinizi uyumlayın. Unutmayın en güçlü olan değil en uyumlu olan hayatta kalır!

Hayattan istediklerinizi belirleyin. İşinizden mutsuzsanız neler yapabileceğinizi bulun. Belki iş değiştirmek, belki mevcut pozisyonunuzla ilgili beklentilerinizi ifade etmek sizi bu alanda rahatlatacak şeylerdir.

Olumsuz duygulara kapılmayın. Hayata dair umudunuzu her zaman koruyun. Size iyi gelen insanlarla olun ve sevdiğiniz şeyleri daha çok hayatınıza katın. Yaşamınıza tatmin olacağınız bir şeyler eklemek, sizin kendi ruhunuza yapacağınız en büyük yatırımınız olacaktır.

Hayatın en güzel keyiflerinden biri de, birinin gönlüne ve kalbine iyi gelmek, ihtiyacı olan birine beklentisiz bir yardımda bulunmaktır. Bazen hüzünlü birini gülümsetmek, yalnız hisseden birine merhaba demek, kimsenin nasıl olduğunu sormadığı yoğunluk içinde çalışan, emeğiyle, alınteriyle parasını kazanan birine "Nasılsın? Bugün yoruldun mu? Emeğine sağlık..." demek, ellerinde torbalarla koşuşturan yaşlı teyzeye "Yardım ister misiniz?" diye sormak, hiç kimsenin teşekkür bile etmeyi aklına getirmediği birine teşekkür etmek, bazen birinin derdini dinlemek, bazen sadece önemsemek ve gülümsemek. Her gün, her an birisine iyi hissettirme şansını elinizde tuttuğunuzu unutmadan, gün içinde koşuşturma ile gözden kaçırdığımız birçok insana yardımınız dokunabilir. Beklentisiz yaptığınız her iyilik hem yaşama, hem insana, hem de kendinize yaptığınız bir katkıdır. Hayat sadece kendimizle ilgili olan bitenlerden ibaret değildir. Her gün onlarca insanla farkında olalım olmayalım temas halindeyizdir. Koşturma içindeyken gözden kaçırdığımız nice hikâyeler, nice detaylar vardır etrafımızda ve belki de bize gerçekten ihtiyacı olan insanlar...

Sürekli kendinize dönmeyin. Etrafınızdaki insanlar için neler yapabilirsiniz bunları görün. Birilerine yardım etmek ve başkaları için faydalı olmak size kendinizi daha değerli ve mutlu hissettirir.

Her bireyin bir potansiyeli vardır, bunu ortaya çıkarmak ve hayattan her şeye rağmen keyif almak için haftada bir bile olsa spora gidin, resim, yeni bir dil, heykel, takı, dikiş ilgi alanınız ne ise bir hobi edinin.

Unutmayın yaşamda, herkesin yapması gereken, pek de zevk almadığı zorunlulukları var. Yine de sabahları umutsuz değil de umutla uyanmanızı sağlayacak birçok şeyi hayatınıza katabilirsiniz. Yeter ki araştırın, inanın, isteyin, vazgeçmeyin.

Hayattan keyif almak için vazgeçmeniz gereken 6 davranış biçimi:

I. Sizi aşağı çeken, devamlı yargılayanlarla ve negatif insanlarla yakınlık kurmayın: Bu tarz kişiler sizin yaptıklarınız ya da anlattıklarınızdan çok nerede sizi eleştirebileceklerine bakarlar. Sizin iyi yönlerinizi, davranış ve sözlerinizi takdir etmez, sadece kendilerine göre yanlış buldukları tarafı söylerler. Negatif insanlar ise yaşamın hep olumsuzluklarından bahsederler ve sürekli mutsuzdurlar. Birçok negatif söylem ve fikirlerle mutluluğunuzu da kursağınızda bırakır, sizi mutsuzluğa çekerler. Keyifli bir yaşam için ilk olarak bu tip insanlarla aranıza koyabildiğiniz kadar sınır koymalısınız.

II. Geçmişe takılıp kalmayın: Bazı insanlar bugünü, anı yaşamaz ve geçmişte yaşadıkları kötü durumları düşünüp mutsuz olurlar. Bir nevi takıntı durumudur bu. Geçmiş kırgınlıklardan dolayı kimseye güvenemez, kimseyi sevemez, iyi şeyler hak ettiğine inanmaz ve gerçekten bu şekilde iyi olanı da kaçırırlar.

III. Dedikodu yapmayın: Dedikodu yapmak yani birinin arkasından yüzüne söyleyemeyeceğiniz şeyleri söylemek sizi negatif etkiler. Başkası hakkında konuşarak o kişinin hakkını yemiş olursunuz. Enerjisel olarak kirlenirsiniz.

IV. Herkesi memnun etmeye çalışmayın: Öncelikle aklınızda tutmanız gereken, elinizden gelenin en iyisini de yapsanız herkesi tam anlamıyla memnun edemeyeceğiniz. Ayrıca herkesi memnun etmeye çalışırken kendi mutluluğunuzu kaçırırsınız. Başkalarının isteklerini yerine getirirken kendi isteklerinizi göz ardı etmeyin. Hayır diyememenin, sınır çizememenin sonucu tükenmeniz demektir.

V. Kendinizi başkalarıyla kıyaslamayın: Kendinizi kıyasladığınız kişinin aşağısında ya da üstünde hissetmeniz negatif bir durumdur. Kıyaslamak ve kıyaslanmak kişinin kendiyle ve geleceğiyle ilgili gerçekçi umutlarını zedeleyebilir. Kendinizi sadece dünkü halinizle ve gelecekte olmayı istediğiniz halinizle kıyaslayın.

VI. Olayların olumsuz tarafına bakmayın: İnanın ki yaşadığınız her olayda olumlu bir taraf bir de olumsuz taraf vardır. Yaşadığınız her deneyimin acı da olsa mutlaka size bir katkısı vardır. Hangi tarafa odaklanacağınız mutluluk seviyenizi belirler.

VII. Zamanınızı boşa harcamayın: Zaman o kadar kıymetli ki düşünün düne dönme imkânınız yok. Her anın ne kadar önemli olduğunu bilerek dolu dolu kendinizi mutlulukla doldurarak yaşayın. Zamanınızı ne kadar değerli görerek yaşarsanız, kendinizi de değerli görmeye başlarsınız.

Neden Kimseye Güvenemiyorum?

Yaşamda sizi asıl yoracak
ve yalnızlaştırabilecek şey,
karşılaştığınız kötü insanlar değil,
kötü insanlardan kaçayım derken
kaçırdığınız iyi insanlardır.

Güvensizlik kendinize ya da başkalarına yönelik olarak gelişebilen bir duygudur. İkili ilişkileri bozar, içe kapanmaya neden olur ve insanın zamanla asosyal bir hale gelmesine yol açar.

Yaşam size bir kere güvenmemeyi öğrettiyse, herkesten kaçmaya ve insanların davranışlarında daha çok şey aramaya başlayabilirsiniz. Bazen de duygusal olarak yoğun sevgi ve bağlılık yaşayabileceğiniz insanları ihanete uğrama ya da kaybetme, incinme korkusuyla hayatınızdan eleyebilirsiniz. Aslında bağlanma korkusu dediğimiz şey kırılmaktan çok korkmaktan doğar. Bağlanmamak, çok sevmemek ya da sonradan üzülmemek adına ilişkiyi sabote edecek her şeyi bilinçli olarak olmasa bile bilinçsizce yapabilirsiniz. Ve hiç hak etmediği halde hayatınızı paylaştığınız insanı sırf kendi korkularınız yüzünden uzaklaştırabilir, her yaptığından şüphelenerek hayatınızdan çıkarabilirsiniz.

Hem kendinizden kaynaklanan hem de başkalarına karşı geliştirdiğiniz güven problemleri ilişkinizi yıpratan bir sorun olacaktır. Eşinize, sevgilinize karşı duyulan güvensizlik bir süre sonra her şeyden şüphelenmeye varabilir. Bu durum karşınızdakini sıkmaya, onun hayatını kontrol etmeye ve sürekli hesap sormaya varabilir.

Peki güvensizlik nasıl aşılır?

Kendinizle ilgili güven probleminin temelinde yetersizlik duygusu olabilir. Kendinize bakma cesaretini gösterin. Zayıf yerlerinizi bulun.

Başkalarına yönelik olarak sürekli bu duyguyla mücadele ediyorsanız bakış açınızı gözden geçirin. Unutmayın böyle hisseden sizsiniz. Bakış açınızdaki kusurun nedeni ne olabilir? Bunu kendinize sorun.

Korkularınızın farkına varın, acı çekmemek adına duyguya girmekten kaçtığınız, her hareketini güvenilmez olarak adlandırdığınız o iyi insanları düşünün. O korkularla yüzleşin. Yalnızlaşmanıza izin vermeyin ve güzel şeylerin izini sürün. Kendi kendinizin mutluluğunu sabote etmeyin.

Hayatta en büyük mutluluk kendiniz olarak sevilmektir. Sizi siz olduğunuz için sevenlere her zaman kalbinizi açın. Yaşam sevgidir, sevgi de yaşam. Hayatı sevgiyle doldurduğunuzda güvensizlik duygusu yerini daha güzel şeylere bırakacaktır, yeter ki buna izin verin.

Her birimizin ve hepimizin içinde sevgi vardır. Hepimiz bu duyguyla doğduk. Tüm korkularımızın, güvensizliklerimizin ve kuşkularımızın altında saf ve koşulsuz sevgiden başka bir şey yoktur. Yaşanılan olumsuz deneyimler, güvensizlikler, mutsuzluklar ve bunların sizde oluşturduğu kaygı ve korkular gerçek sevgi duygusunu size unutturabilir.

Ama siz ne korkularınızsınız, ne geçmişinizsiniz. İnsanlarla aranıza ördüğünüz duvar sizi korumak yerine sizi hapsediyor olabilir mi bir de bu gözle bakın. Yaptığınız ve paylaştığınız, ürettiğiniz her şeye sevgi katın. İçinize, ilişkilerinize, işinize, çevrenize sevgi verin. Geçmişinize, yaralarınıza, mücadelelerinize, içinizdeki kırgın çocuğa ve korkularınıza sevgi verin.

Dikkatinizi sizi korkutan, inciten, üzen geçmişinizden, zihninizin oluşturduğu korku ve mutsuzluklardan uzaklaştırın. Sevdiğiniz, sahip olduğunuz şeylere odaklayın. Bunları negatif tecrübeleri unutacak kadar saf olduğunuz için değil, almanız gerekeni alıp, bırakmanız gerekeni olduğunuz yerde bırakıp, saf sevgiye ve sahip olduklarınıza inandığınız için yapın. Çevrenizi ve kendinizi sevgiyle sarmalayın.

Eğer bu olumsuz duygu sizi çok zorluyorsa bir terapistten destek almaktan çekinmeyin.

Özgüvenimi Nasıl Kazanabilirim?

Özsaygı kendine "Yeniden başla!"
diyebilme yeteneğiyle büyür. Kendimizi
her sarstığımızda, her yeniden ayağa
kalktığımızda, yapmamız gerekeni
yaptığımız için kendimize daha fazla sevgi
ve saygı duyarız.

Özgüven önemli bir kişilik özelliğidir. Özgüvenimiz sayesinde hayatta başarıyı yakalar, zorluklara karşı mücadele edebiliriz. Eksik ya da fazla gelişemediği durumlarda ise bunu kazanmak için çaba göstermek gerekir.

Bazı durumlar karşısında hepimiz zaman zaman özgüvenimizi yitiririz. Yeni bir iş görüşmesine giderken ya da yeni tanıştığımız biriyle çıktığımız ilk yemekte içimizi türlü kaygılar ve endişeler sarar. Kendimizi yetersiz, tedirgin ya da beceriksiz hissedebiliriz.

Bu tip durumları sık sık yaşıyorsanız kendinize şu soruları sorun:

- Kendinizden daha fazla iyi, yetenekli, güzel bulduğunuz insanlar kimler? Neden onlarla ilgili böyle hissediyorsunuz?
- Kendinizi hangi anlarda ya da alanlarda özgüveninizi yitirmiş hissediyorsunuz?
- Size kendinizi daha özgüvensiz hissettiren insanlar var mı? Bu insanlar kim ve neler söylüyorlar?

- Size kendinizin iyi ve güçlü taraflarını söyleyen insanlar neler söylüyorlar? Sizce siz bu yönlerinizin farkında mısınız yoksa bunları göremiyor ya da onaylamıyor musunuz?
- Fiziksel olarak kendinizle barışık mısınız yoksa sevmediğiniz şeyleriniz var mı?

Kendimize söylediklerimiz başkalarının bize söylediklerinden çok daha etkilidir, çünkü söylediğimiz her negatif sözcükle zihnimiz özdeşleşir ve hak ettiğimizin o olduğuna inanırız. Kendine "Beceriksizsin!" ya da "Ne kadar korkaksın!" diyen birini düşünün. Bu kişi bu düşünce kalıbıyla hareket ettiği müddetçe yeni şeylere kendini açması, yeni deneyimlere kendini bırakması sizce kolay olur mu? İçindeki kırık özgüven nedeniyle hem kendi potansiyelini ortaya koyamaz hem de motivasyonunu yitirir kaçınılmaz olarak ve gerçekten o işi başaramayacak duruma gelir. Oysa başka biri size "Beceriksiz!" dese, siz kendinizi korumaya geçer ve bu sözü belki size yöneltene yedirmek için mücadele edersiniz.

O yüzden en çok kendinize yakıştırdığınız ve söylediğiniz sözlere dikkat edin. Kendinizi hep olumlu sözlerle ifade edin, şimdiye kadar başardığınız, yaptığınız şeylere odaklanın.

Hemen hemen herkes kendine güvenen, ne konuştuğunu bilen ya da ne istediğinden emin ve gerçekten neyi istediğini biliyormuş gibi davranan insanlardan hoşlanır. Bir düşünsenize etrafınızda böyle insanlar vardır muhakkak ve onları tanımlamak için hayranlıkla "Ne kadar da kendine güveniyor..." deriz. Ve bu kendine güvenen insanlar bunu öylesine içselleştirmişlerdir ki tıpkı bir kuğunun suda yüzmesi gibidir tavırları, aşırılık ve gösteriş yoktur. Onlar güçlerini içinden alır ve ispata soyunmadan taşırlar bunu.

Aslında içgüdüsel olarak insanlara güvenmek ve birileri tarafından eğitilmek isteriz, bu yüzden ne istediğini bilen ve istediği şeyi elde edeceğine inanarak hareket eden ve bu şekilde davranan birini içgüdüsel olarak severiz. Çok kuşkucu, şüpheci, kendine inanmayan, kendinden emin olmayan tavırlarla hareket eden kişilerden kimse etkilenmez. Kendinize inanıyormuş gibi yapmanız ve bu şekilde hareket edip davranış ve tavırlarınızı böyle yönetmeniz bile karşınızdaki insanları etkiler ve size inanmalarını sağlar. Rol model çalışmaları vardır; kendine çok inanıyor, çok güveniyor gibi yapmak yani rol yapmak kastettiğim... Bu bile insanın kendisine güvenini artıracak çok etkili bir yoldur. Çünkü zihin bu duruma giderek inanmaya başlar ve bu güven duygusunu içselleştirir. Siz de ayna karşısında bu çalışmaları yapın, ardından insanların yanında da rolünüze devam edin. Giderek özgüveninizin arttığını göreceksiniz. Sahip olduğunuz potansiyele inanın ve kendinize güvenin.

Özsaygınıza sahip çıkın. Kişinin kendisine saygı duyması, kendisini sevmesi ve güvenmesi kadar önemli bir durumdur. Bunun için de öncelikle özgüvenli olmak, zorluklarla başa çıkabilecek güçte olduğunu düşünmek, her düşüşte tekrar tekrar ayağa kalkabilecek kadar kendine inanç gerekir. İnsanın en önemli dayanağı önce kendi olmasıdır, kendi olan insanın kendisine sevgi, saygı ve güveni de yüksek olur.

Her neyi yapmayı planlıyorsanız planlayın zihninizde bir "Yapamayacaklarım" listesi tutmaktan kaçının. Böyle bir listeniz varsa bunu "Yapacaklarım" listesine çevirin ve planladığınız hedeflerin üzerine gidin, çalışın.

Kendinizi zayıf, güvensiz ya da yetersiz gördüğünüz zamanlarda, çoğu şey hatta yapabileceğiniz çoğu şey, size yapılamayacak kadar zor gözükebilir, bu çok normaldir. Özgüven zaman içinde artan ya da azalan bir seyirde ilerler zaten. Bu dalgalı bir denizde sörf yapmak gibidir. Bir şeyi yapmak istemediğinizde, bu size sağlayacağı faydanın zorluklardan az olduğu anlamına gelmez, zorluklar hep vardır ve olmalıdır da. Bu sadece zorluklara konsantre olduğunuzu gösterir. Tüm yapmanız gereken faydalara odaklanmak ve harekete geçmek için ilham almaktır. İşin püf noktası engellere odaklanarak pasif kalmak yerine, elde edeceğinize odaklanıp harekete geçmektir. Kendinizi geliştirmek ve mutlu olmak için neyi yapılamaz olarak gördüyseniz onu yapılacaklara dönüştürmek için tüm yolları deneyin. Hatta bugün, geçmişte neleri imkânsız görüp vazgeçtiğinizi hatırlayın ve şimdi olduğunuz yerden bir kez daha bakın. Vazgeçtiğiniz, rafa kaldırdığınız şeyleri şimdi tekrar olduğu yerden indirip bugünkü halinizle tekrar değerlendirin.

Hepimiz her gün yeni şeyler öğreniyor ve gelişiyoruz. Geçmişinizdeki siz, bugününüze engel olmasın. Kendinize sürekli olumsuz sözler söylüyorsanız, hak ettiğinizin bu olduğuna inanır ve bunu ispatlayan birçok olumsuzlukla karşılaşırsınız. Yaşamınızın en büyük belirleyicisi sadece sizsiniz.

Özgüven için 7 öneri:

I. Güçlü yönlerinizi ve başarılarınızı bir kâğıda yazın ve bu kâğıdı hep yanınızda taşıyın.

II. Kişisel bakımınıza ve temizliğinize her zaman özen gösterin.

III. Düzenli egzersizler yapın.

IV. İnsanlarla iletişimde olun, ihtiyacı olan kişilere elinizden geldiğince yardımcı olun.

V. Geçmişi geçmişte bırakın ve kendinizi affedin, geçmişte yaşadıklarınızın ve tecrübelerinizin size ne kattığına odaklanın.

VI. Size kötü gelen kişi ve yerlerden uzak durun.

VII. Duygularınızı ifade edin ve gerektiğinde hayır demeyi unutmayın.

Neden Kimseye Hayır Diyemiyorum?

Gerçek ve kaliteli ilişkiler için sizden yardım isteyenlere kucak açın ama sizden faydalanmak isteyenleri ve iyiliğinizi alışkanlık haline getirenleri sırtınızdan atın. Hayır demenin nimetlerinden faydalanın.

Zaman zaman hepimizin başına gelir. Biri bizden bir şey istediğinde hayır demekte zorlanırız ve o kelime bir türlü dudaklarımızın arasından dökülemez. Neden hayır demekte zorlanırız ya da neden bazı insanlar daha fazla zorlanır?

Hayır algısı karşımızdakini kıracağımız, onu kaybedeceğimiz gibi bir algı yarattığından bizden istenen her şeyi kabul etme eğilimi gösteririz. Çünkü karşımızdaki kişiye hayır dediğimizde onun sevgisini, ilgisini, dostluğunu kaybedeceğimize dair yanlış bir inanç geliştirmişizdir.

Kendi kişilik özellikleriyle sevilmediğini düşünen biri ancak karşısındaki insanın dediklerini yaparsa sevilebileceğini, onaylanacağını düşünür. Bu tip kişiler özgüveni ve öz değeri düşük kişilerdir.

Hayır diyememek bir süre sonra tüm hayatınızı ele geçirir. Artık sizin isteklerinizin, duygularınızın bir önemi kalmaz ve siz başkaları için yaşayan bir canlı haline dönüşürsünüz. Tek görevi insanları mutlu etmek olan bir canlı...

Hayır demeyi nasıl başarabilirsiniz?

Hayır demek davranışla başlar. Bunu değiştirmenin tek yolu istemediğiniz bir şeyle karşılaştığınızda hayır demek ve o insanda değerinizin kaybolmadığını görmektir. Yani siz hayır demeyi uygulamaya koyduğunuzda bir şey kaybetmediğinizi gördükçe kendi öz değerinizin de farkına varacaksınız. Ve ilk baştaki işe yaramayan düşünceler de zihninizden silinecektir.

Size faydasından çok zararı olan, sizi mutsuz eden bir durum karşısında iyi bir değerlendirme yaptıktan sonra bunu karşınızdaki kişiye ifade etme yolunu bulmalısınız. Özellikle sizden hiç hayır duymamış birisi sizden sürekli bir şey istiyorsa -ki bu da sınırların belirsizleştiği bir ilişki içindesiniz demektir- başlangıçta biraz zorlanabilirsiniz.

Hayır derken özür dilerim, kusura bakma gibi ifadeler kullanmayın. Net bir şekilde ne istediğinizi söyleyin. Konuşurken duruşunuza, sesinizin tonuna, bakışlarınıza dikkat edin. Kararsız bir duruş karşınızdaki insanın sizi zorlamasına neden olabilir. Toleransınızın düşmesine izin vermeyin. Önceliği kendinize kaydırın ve manipülasyona kapılmaya asla izin vermeyin.

Sizin değer ve sevilme duygunuz hayır dememekle geçmeyecektir. Tam tersine siz hayır dedikçe değerinizi artırırsınız. Etrafınızdaki insanlar sizin evet demenize alışkın olduğu için ilk başlarda buna tepki gösterebilirler. Ancak zamanla kendinizi ortaya koydukça onlar da sizi artık bu şekilde kabul edeceklerdir.

İyilik yapmak, yardım etmek, fedakâr olmak hep olumlu anlamlar çağrıştırsa da sürekli bir hale geldiğinde olumlu özelliğini kaybederler. İyilik ya da yardım, zaten yapmaya mecbur olduğunuz özellikler olarak görünür. Kaliteli ve dengeli bir iletişim için ilişkilerde bu alışveriş dengesini hiç bozmamaya dikkat edin. Yapılanlar her zaman %50-%50 olamasa dahi denge çok uçlarda şaşmamalı. Baktınız fedakârlıkla ilgili beklentiler çok yükseldi ve her zaman bekleneni yapmadığınızda vicdani olarak birileri sizi kötü hissettiriyor ve kötü bir tutumla karşılaşıyorsunuz sırtınızdan bu yükü tamamen atın. Gerçekten faydanızın dokunduğu ve bunun takdir edildiği aynı zamanda alışkanlık haline getirilmemiş iyi niyetinize devam edin ama iyi niyetinizin suiistimal edildiğini hissettiğiniz an sınırı koyun, hayır deyin.

İlişkilerde sınırlarınızı belirlemenize ve hayır demenize yardımcı olacak 5 öneri:

I. Karşınızdakinin sınırlarına ve "hayır"larına saygı duymak: Önce siz karşınızdaki kişinin alanına saygı duyacaksınız. Başkalarının sınırlarıyla ve hayırlarıyla ilgili kararları yargılarsanız sizin de sınırlarınız ve hayırlarınız yargılanmaya açık olur. Başkalarının sınırlarınıza saygı duymasını istiyorsanız önce bu saygıyı siz yaratın.

II. İlişkilerde değer dengesini koruyun: Değer görmek herkesin hakkı ama karşınızdaki kişi sizi değersiz ve mutsuz hissettirirse orada sınır koymanız çok önemlidir. Alma-verme dengesini hep koruyun.

III. Duygularınızı ifade edin: Sizi kıran, üzen durumlar olduğunda duygularınızı saklamayın, mutlaka ifade edin. Duygularınızı söylemek hem yükünüzü azaltır, hem değerinizi artırır, hem de sınırınızı belirler.

IV. Kendinize ait alan yaratın: Kendinize ait arkadaşlarınız, hobileriniz ya da çeşitli aktiviteleriniz olsun.

V. Kaybetme ve yalnız kalma korkusunu yenin: Bazı insanlar sevgi kazanacaklarını ve yalnızlıklarının sona ereceğini düşünerek başkalarına boyun eğerler. Bu kişiler sevgiyi kaybetmekten çok korktukları için sınır çizemez ve hayır diyemezler. Bu korkularınızın farkında olun ve hayır demek için adım atın.

Yaptığım Hatalardan Dolayı Neden Sürekli Acı Çekiyorum?

Geçmişte yaptığınız hatalardan pişmanlık duymayın, aksine teşekkür edin, çünkü geçmişteki hatalarınızın hepsi, bugün sizi daha büyük hatalardan korumak ve geliştirmek için gelen öğretmenlerdi.

Mesleki yolculuğumda geçmişte yaşadıklarına, yanlış seçimlerine hayıflanıp hâlâ gününü yaşayamayan, hatalarıyla kavrulan, pişmanlık duygularından geleceğe yönelik plan yapamayan birçok insanla karşılaştım. Tabii bir de bu pişmanlık duygularıyla almaları gereken derse odaklanamayarak birçok hatanın tekrarını yapıp ya da hata yapmamak uğruna hiçbir şey yapmayarak hayatlarını geçirenlerle de...

Hata yapmak mı yoksa hata yapmamak adına her şeyden elini ayağını çekmek mi daha doğru sizce?

Hayatta denemeden öğrenmenin yolu yok, denemek de birçok kez yanılma riskini beraberinde getiriyor ama hatalar, aynı hatayı tekrar yapmamak adına birçok ders alma imkânını da veriyor bizlere. Hayatta yanılmadan başarılı olmak diye bir şey yoktur. Yanılacaksınız; neyi yapmamanız gerektiğini ya da neyi yapmanız gerektiğini öğreneceksiniz ve tekrar deneyeceksiniz. Sonucunda mutlaka başarılı olacaksınız ama hatalar sizi anı yaşamaktan ve yeni yollar denemekten alıkoyarsa yaşamda belki hiç risk almayacak ve gerçek anlamda yaşamamış olacaksınız. Ben buna hayat korkaklığı diyorum.

Her insan hata yapar. Bazen bunlar çok ciddi bir şekilde yaşam döngülerinizi etkileyen hatalardır. Ancak çoğunlukla kasıtlı yapılan hatalar değillerdir. Geçmişte birileri size kötü davrandıysa ya da kötü hissettirdiyse, bu onların kötü bir insan olmalarından değil, yaşadıklarının getirdiği etkilerden, pek gelişmemiş olmalarından ve tıpkı sizin gibi birer insan olmalarından kaynaklanır. Size sırtını dönmüş, sizi üzmüş veya sizinle olan ilişkilerini bitme noktasına getiren hatalar yapmış olabilirler. Ancak bunu bilinçli olarak yapmak istedikleri için değil, başka türlü nasıl davranacaklarını bilemedikleri için yaparlar.

Pek çok kişi geçmişte hata yapmanın pişmanlığını üzerinden atamaz ve bu pişmanlıklar yüzünden ne şimdiki anına ne de geleceğine odaklanır. Geçmişin pişmanlıklarının esaretinde bugününü kaçırır. Oysa hata yapmak bir öğretmen olarak geliyor ve diyor ki: "Sen burada bu şekilde davrandın ve sonuçları bu oldu. Bundan sonra ne yapmalısın, ne yapmamalısın, nasıl stratejiler denemelisin, kime ne şekilde güvenmelisin bunları bul." Bu öğretmen sana bu soruları sordurtup, doğru cevapları buldurtmak, sütten yanan ağzınla yoğurdu üfleyerek yemen için geliyor. Ama bu öğretmen o kadar sabırlı ve istikrarlı ki sen dersini alana, öğrenmen gerekeni öğrenene kadar tekrar tekrar yapıyor bunu. O yüzden geçmişte yaptığınız hatalara, pişmanlık duyarak takılıp kalmayın. Almanız gereken dersi aldıktan sonra yolunuza bu hata bir daha çıkmayacaktır. Çıksa bile önceki tecrübeleriniz ışığında daha dikkatli olacak ve daha az zarar göreceksiniz emin olun. Geçmişte hatayı yapan kendinize teşekkür edin, sormanız gerekenleri sorun, almanız gerekenleri alın ve yolunuza devam edin.

Hayatınızdan memnun bir şekilde yaşamak istiyorsanız, yaşadığınız tüm kötü olayları, sizi siz yapan parçalar olarak kabul edip yaşamınıza ve geleceğinize odaklanın.

Siz isterseniz küskünlük, pişmanlık, öfke duygularınızdan kurtulabilirsiniz. Affetmeyi kendiniz için tercih edebilirsiniz, bunu yapmanızın sebebi hayatınıza tekrardan o kişileri almak için değil, kendinizi "Kötü insanlarla karşılaştım, çok şansızım, kötü şeyler yaşadım..." gibi etiketlerden kurtarıp, sırtınızdaki yüklerden arınıp rahatça yola devam edebilmeniz içindir. Başınıza gelen olumsuz şeylere rağmen ve aslında tam da onlar sayesinde harika bir insan olduğunuzu fark edebilirsiniz.

Kendinize yönelttiğiniz kızgınlık ve pişmanlık gibi duygularınızdan kurtulmak için "Çok büyük hata yaptım" diyerek dertlenmek yerine "Yaptıklarımdan şunu öğrendim" demeyi seçin. Siz hayatın bir öğrencisisiniz. Amacınız, tekrara gerek kalmadan dersinizi tek seferde öğrenmek. Ve hayat denen okul türlü türlü sınavlarla çıkacak karşınıza.

Öfkemi Nasıl Kontrol Ederim?

Öfke kontrolü duygusal zekânın işaretidir. Yani siz öfkenizi ne kadar kolay idare edebiliyorsanız o kadar duygusal zekânız yüksektir diyebiliriz.

Öfke duygusu zararlı bir etikete sahip olsa da oldukça insani ve doğal bir duygudur. Yerine göre gösterilmesi gereken ama elbette kontrol altına alınması da mutlaka lazım olan sahici bir tarafımızdır. Bir haksızlığa uğradığınızda, güveniniz kırıldığında, belki hararetli bir şekilde tartışırken zaman zaman öfkemizi kontrol etmekte zorlanırız. Ama öfke kontrol edilemezse çok zararlı sonuçları olabilir, söylemek istemediğiniz, yapmak istemediğiniz şeyleri yapmanıza ve sonrasında pişmanlık hissetmenize neden olabilir. Bu nedenlerle öfke duygusunun kontrol edilmesi ilişkiler ve iletişim için çok önemlidir.

Her birimiz farkında olmadan temas kurduğumuz insanların eylemlerini sürekli etkiler ve kontrol ederiz. Öfkelenince insanlar, ses tonlarını yükseltirler ve en sonunda bağırmaya başlarlar. Hatta en sakin gördüğümüz insan bile bir anda kontrolünü yitirdiğinde çok şaşırırız.

Öfkeyi ben aşırı baskı ve basınç altında psikolojimizi ve bedenimizi saran bu etkileri uzaklaştırmak için açılan bir emniyet mandalı gibi düşünürüm. Kimi zaman alanımızı korumak, kimi zaman benliğimize yönelen bir saldırıyı bertaraf etmek, kimi zaman da nedensizce yaparız bunu. Mantıklı nedenleri olsa da olmasa da öfke, yönlendirdiğiniz kişiden daha çok size zarar verir aslında.

Peki öfkenizi kontrol etmek için neler yapabilirsiniz?

Öfkelendiğimizde bedensel olarak çeşitli reaksiyonlar yaşarız. Kan basıncımız artar, nefes alışverişimiz hızlanır ve kalbimiz daha hızlı çarpmaya başlar. Bunları hissettiğinizde eğer bir tartışma ortamındaysanız ara verip izin isteyin. Çünkü bedensel olarak yaşanan şeyler tepkinizin kontrolden çıkmasına neden olabilir. Üzerinize binen hırslı duygulardan uzaklaşabilmek için ortamdan da uzaklaşın. Yalnız kaldığınızda nefesinizi kontrol altına almaya çalışın. 5-6 kez derin nefes almak ruhsal gerginliğinizin yumuşamasına yardımcı olur.

İkinci adım olarak sizi rahatlatacak düşüncelere yönelin. Öfkenizi baskılamak için mizah içeren şeyler izleyebilirsiniz ya da size iyi gelen düşüncelerin zihninize dolmasına izin verebilirsiniz.

Öfkelendiğinizde vücudunuzda adrenalin artar. Bu adrenalini fiziksel aktivitelere yönlendirmek, yürüyüşe çıkmak, koşmak etkili bir yöntemdir. Bedensel olarak rahatlamanızı sağlar.

Kendinizi sorgulamak biraz daha sakinleştikten sonra gelen adımdır. Neden sinirlendiniz, bu öfkenin altında yatan şey aslında nedir? Belki sizi kızdıran şey sizin kendinize dair geliştirdiğiniz yanlış inançlarınız olabilir. Bunları değerlendirmek, büyük tepkiler vermeden önce sağlıklı bir şekilde olanları akıl süzgecinden geçirmek çok önemlidir. Ani kararlar vermeden önce sizde nelerin tetiklendiğini bulun.

Öfke demek problem demektir ama siz probleme odaklanırsanız hiçbir şey elde edemezsiniz. Problem varsa çözüm üretmelisiniz. Örneğin çocuklarınız odayı dağıttığında çocuklara bağırmak yerine çözüm geliştirmeye çalışın, onlara odayı düzenli tutmaları ve nasıl yapılması gerektiğini gösterin.

Öfke kontrolü demek iyi bir iletişim becerisi demektir. Savunmaya geçmek, karşınızdakini suçlamak yerine "ben" dilini kullanın. "Sen böyle yaptığında ben böyle hissediyorum, bunu yapmanın nedenini anlayamadım" demek yine çözüm odaklı bir yaklaşım olacaktır. Duygularınızı ifade ederseniz karşınızdaki kişi de savunmasız kalacaktır. Böylece hem kendi öfkenizi hem de karşınızdakinin öfkesini kontrol etmiş olursunuz.

Karşınızdaki insanın sesi yükselmeye başladığında onun öfkelenmeye başladığını anlarsınız. Karşınızdaki insanın ses tonunu kendi ses tonunuzla kontrol edebilirsiniz. Ne kadar yüksek ses tonuyla konuşursanız o kadar öfkelenirsiniz. Eğer sesinizi alçak ve kısık tonda tutarsanız öfkeyi ertelersiniz, aynı şekilde karşınızdaki kişinin de öfkesini ertelemiş olursunuz. Çünkü karşınızdaki kişi öfkelenecek hiddette bile olsa sizin ses tonunuzu alçak ve yumuşak tutmanız, karşınızdakini sesini yumuşak tutmaya zorlayacaktır. Tabii ki bu tekniği yüksek öfke anından önce öfke gelmeye başladığını hissettiğinizde yapmalısınız. Çok şiddetli öfkenin en yüksek anında bu yöntem işe yaramaz ama öfkenin gelişini ve ilk başlangıç noktasını engeller.

Unutmayın sakinken kendinizi ifade etmeniz çok daha kolay olacak ve ikna olasılığınız artacaktır. Öfkeli bir halde bir insanın sizi anlayabilmesi, empati kurabilmesi çok zordur.

Neden Sürekli Haksızlığa Uğradığımı Düşünüyorum?

Küçük şeyler
için savaşmayı
bıraktığınızda dünyanız
çok daha güzel olacak.

Hepimiz zaman zaman haksızlığa uğramış gibi hissederiz. Bazen sevgilimiz, bazen patronumuz, bazen de en yakın dostumuzun davranışları karşısında ezilir, içimizde kabaran o duyguyla savaşırken buluruz kendimizi. Bazen otobüs beklerken önümüze geçen insanla tartışır, bazen de aynı aile içinde beraber büyüdüğümüz kardeşimize gösterilen ayrımcılığa kafayı takarız. Peki bu duygu sürekli olarak içimizde bir yerlerde konuşuyorsa bununla nasıl başa çıkabiliriz?

İnandığınız bir konunun arkasında durmanız, tartışmanız, yüzleşmeniz çok insani bir durumdur hatta kişiliğiniz için gereklidir. Ama çoğu insan, konu ne olursa olsun tartışıp, kavga ettiğinden dolayı yaşamını bir çatışma alanına dönüştürür. Bu şekilde yaşamak hayatınıza o kadar çok kırgınlık ve kızgınlık sokar ki bir süre sonra gerçekten nelerin önemli olduğunu unutursunuz. Gerçekte hayatta insanlar sıklıkla hoşlanmadığınız şekilde davranabilir, sizden farklı bir şekilde düşünebilirler. Bu farklılıklara verdiğiniz büyük tepkiler sizin hayatınızı zorlaştırmaktan başka bir işe yaramazlar.

Kulaklarımız her zaman duymak istediğimiz sözcükleri duymaz. Bu durumda hemen savunma kalkanlarımızı açar, belki öğrenmemiz gereken dersi almadan küsüp kendi dünyamıza çekiliriz. Hayatın içindeysek her şeyi doğru bir iletişimle çözebiliriz. Küsmek, fazla alınganlık yapmak, sürekli ben haklıyım demek insanlardan uzaklaşmanıza, aynı şekilde insanların da size ulaşamamasına neden olur.

Eğer sürekli haksızlığa uğradığınızı düşünüyorsanız içinizde bir yerde incinmekten çok korkan bir çocuk gizliyor olabilirsiniz. O çocuğu korumak adına geliştirdiğiniz sert tutumlar sizi çok güçlü gibi gösterebilir. Ama bu koruma zırhının altında çaresizce bekleyen bir "ben" vardır, onu kendinizden bu şekilde gizleyemezsiniz.

Mükemmeliyetçi insanlar da sürekli olarak haksızlığa uğramış gibi hissedebilirler. Onlar için her şeyin kusursuz ve eksiksiz ilerlemesi gerektiğinden en ufak bir aksaklık ya da yanlışlık karşısında öfke patlamaları yaşamaları kaçınılmazdır.

Aslında yaşamı ve yaşamın getirdiklerini okuma becerisini geliştirmek bu duyguyla başa çıkmanın en güzel yoludur. Size uymayan bir durum karşısında aşırı duygusal tepkiler vermeniz yerine kendinize doğru sorular sorarak daha dengeli ve içinizde dış dünyaya daha uyumlu bir atmosfer yaratabilir, daha az öfkelenir ve daha az incinir ve incitirsiniz.

Bu gibi durumlarda kendinize şu soruları sorun:

- Acaba yanlış düşünen ben olabilir miyim?
- Karşımdaki insanı doğru anlıyor muyum?
- Karşımdaki insan bazı konularda sınırlı bir kapasiteye sahip olabilir mi?

Mutlu hayat, insanı okuma sanatıdır. Karşılaştığınız her insan sizden daha zeki, sizden daha yetenekli, sizden daha anlayışlı, sizden daha toleranslı olmayabilir. Hele ki günümüz dünyasında herkesin kendi ihtiyaçlarının daha çok peşine düştüğü ve ne yazık ki daha çok bencilleştiği bir dünyada herkesten bize uymasını istediğimiz davranışlarla hareket etmesini beklemek epey anlamsız olur.

Daha huzurlu bir yaşam için bilinçli olarak hangi konuların savaşmaya değeceğine ve hangilerini göz ardı etmeniz gerektiğine karar verin. Yaşam küçük şeyler için tartışmaya, kırmaya, kırılmaya değmeyecek kadar kısa. Unutmayın mutlu olmak haklı olmaktan daha önemlidir.

Neden İlişki Kurmaktan Korkuyorum?

İlişkilerde yaşanılan acı deneyimler, güvenin kırılması ve korkular insanları uzun süre bir ilişki yaşamaktan alıkoyabilir. İlişkiden kaçmak yerine her deneyimin size kazandırdıklarına odaklanıp, o tecrübelerle daha sağlıklı ilişkiler kurabilirsiniz. Yalnızlık uzun vadede sizi verimsiz, mutsuz ve değersiz hissettirebilir. Yalnız olmak insan doğasına aykırıdır. Sevmekten korkmayın.

Yaşam, doğumla başlayıp ölümle nihayete eren, aradaki süreçte de her an başlayan ve biten şeylerle dolu olan sınırlanmış bir zaman aralığıdır hepimiz için. Hayatımıza giren insanlarla her zaman iyi başlayan şeyler pek çok nedenden dolayı nihayete erebilir. Ayrılıkların ardından hayattan elimizi ayağımızı çekmek istememiz doğaldır. Ancak bunun kronikleşmesi ve kapıları insanlara kapamak kendimizi bir hapishaneye mahkûm etmekten başka bir şey değildir.

Hayat döngüsünde hep bir bitiş ve bitişin ardından açılan yeni fırsat kapıları olacaktır. Bitişler yani geçmişte yaşadıklarımız bizim tarihimizdir. Tarihimiz ne kadar acı deneyimler barındırsa da, bizim bir parçamızdır. Unutmak, tıpkı bir tarih kitabının kimi sayfalarını hoşunuza gitmediği için yırtıp atmak gibidir. Geçmişten kopmak bazen bu yüzden zor gelir insana, mutsuz etse de, üzse de yaşadıklarınızı bırakmak zorlayıcı olabilir. Size zarar veren bir geçmiş hatıranız varsa bırakmaya karar verebilirsiniz, bu bir zaman kaybı değil, yeni başlangıçlar için fırsattır.

Yaşam size bir kere güvenmemeyi öğrettiyse, herkesten kaçmaya başlayabilirsiniz. Bazen duygusal olarak yoğun sevgi ve bağlılık yaşayabileceğiniz insanları kırılma korkusuyla kendinizden uzaklaştırabilirsiniz. Aslında bağlanma korkusu dediğimiz şey kırılmaktan çok korkmaktan ileri gelir. Bağlanmamak, çok sevmemek adına ilişkiyi sabote edecek her şeyi bilinçli olarak olmasa bile yapabilirsiniz.

Şimdi korkularınızı bulmaya çalışın, acı çekmemek adına duyguya girmekten kaçtığınız o iyi insanları düşünün. O korkularla yüzleşmek ve yalnızlaşmadan hissettiğiniz tüm güzel duyguların keyfini çıkarmak o kadar kolaydır ki. Kendi kendinizi sabote etmeyin. Her insan yeni bir şansı hak eder, çünkü yaşam sevgi ve güven üzerine kurulur. Karşınızdaki insana 100 üzerinden 100 puan vererek başlayın ilişkiye ve yaptıklarına göre puanı düşürün ya da aynı bırakın. Eğer 0 puanla yani hiç güvenmeyerek başlatırsanız o ilişkinin devam etmesi çok zordur. Kırılmak pahasına da olsa güvenin çünkü hiç güvenmemek çok güvenip kırılmaktan daha acı vericidir. Yaşamdan hiçbir keyif almamanıza ve soğuk yüzüyle yüzleşmenize neden olur.

Kaygılarınızı mutlaka sorgulayın ve yüzleşin. Aslında hemen hemen hiçbirinin gerçek bir kaygı nesnesi olmadığını, sadece gelecek ya da olabilecek şeyler ile ilgili sizin endişeleriniz olduğunu göreceksiniz. Kaçmayın ve yüzleşin. Kaçtığınız, korktuğunuz her şey büyür, unutmayın. Gelecek kaygısı anınızı elinizden çalan sinsi bir hırsız gibidir. Bir hırsızla aynı hayatı paylaşmayın.

Elbette yaşadığımız acı deneyimleri silip atmak, unutmak diye bir şey yoktur ama geçmişi olduğu yerde bırakıp, tecrübeleri ve almanız gerekeni alıp ondan bir gelecek yaratabilirsiniz.

Yeni yılı, pazartesiyi, yarın sabahı, yazı beklemek zorunda değilsiniz. Bitişe ve geçmişe ne kadar uzun süre takılı kalırsanız, yeni olana hem de aldığınız tecrübeyle daha da kıymetini bileceğiniz yeni olana gecikebilirsiniz. Geçmişi yani bitmişi bırakmaya hemen başlayabilirsiniz. Bu özgürlük size aittir ve bu güç sizde vardır.

Yılmadan önemini vurgulayacağım bir şey varsa o da sevgi, sevmek ve sevilmektir. Çünkü insan olmamızın özü bu duygudan gelir. Bazılarımız çocukluğunda yaşadığı travmalardan dolayı, bazıları ilişkide çok sıklıkla yaşadığı güven kırıklıklarından dolayı, bazıları da kendi özgüvensizlikleri yüzünden sevmeye ve aşka kapılarını kapatabiliyorlar. İşte bu, kişinin tüm mutlu olabilme ve yaşam sevincine kavuşabilme ihtimalini azaltıyor. Çünkü sevmek, sarılmak, kucaklaşmak, öpmek yaşamda mutluluğu hissettiren şeylerdir. Onun için ne yaşarsanız yaşayın sevme duygusundan vazgeçmeyin. Sevmekten vazgeçen mutsuzluk, umutsuzluk, yalnızlık ve güvensizlik hisseder. Bir insanı en çok mutlu edecek şey gerçekten kendi olarak sevildiğini bilmek ve yürekten sevmektir.

Elbette aklınız, mantığınız da hep yanınızda olsun. Sevgide akıl olur mu demeyin, sonunda çok kırılmamak ve çok üzülmemek adına mantık her zaman ihtiyacınız olacak bir silahtır. Sevmeli ve güvenmeli insan; karşısındakinin değişeceğini beklemeden, yüzde yüz kendini teslim etmeden; yanında kendini değerli, mutlu ve huzurlu hissettiği kişileri sevmeli. Başta görünen kişilik özelliklerinin zamanla, evlenince, çocuk yapınca, çok fedakârlık yapınca değişeceğinin beklentisi en çok sizi kırar ve yorar. Sevin ve güvenin ama çok kırılsanız ve üzülseniz bile vazgeçemeyecek, bağımlı hale gelecek, kendinizden çok verecek, aşırı fedakârlıklarla tükenecek, onun istediği kişiye dönüşecek şekilde değil... Sevmeyi akıllıca yapın.

Hayat her zaman bir denge üzerine kurulur. Ne yaparsanız karşılığını alırsınız. Güzel duygular beslerseniz o size en güzel tohumlarını verir, tekrardan çiçek açıp yeşermeniz için güzel bir ortam hazırlar. Eğer içinizde korkular olursa o tohumlar kararır ve tüm beklentileriniz daha yeşermeden kurur. Ne beklediyseniz solar ve kötüleşir. Onun için iyilik ve sevmek bazen ilk dönemde size kazandırmamış gibi gözükse de, canınızı acıtmış gibi gelse de, inanın mutlaka o güzel duygularınızın tohumları bir yerlerde sizi bekler. Bu hayatta ne ekerseniz onu biçersiniz. Sevgiye inanırsanız bir yerlerde gerçek sevgiye inanan biri sizi bulur ve tüm acılarınızı sevgisiyle kapatır ve işte o an siz tüm gidenlere teşekkür eder ve ilahi gücün yarattığı adalete, bulduğunuz huzur ve güvene şükredersiniz. Hayat hepimiz için gereken adalete bir gün mutlaka sağlar çünkü dünya bu adaletin dengesiyle döner. Ne kadar güldürdüyseniz o kadar gülersiniz ama bilin ki ne kadar ağlatıp üzdüyseniz de o kadar üzülürsünüz. O yüzden yaşamda sevgiye inananlar bir yerlerde mutlaka kazanacaktır. Huzuru, güveni bulduğunuz o güzel kalp sizin eviniz olacaktır.

Nasıl Kendim Olurum?

Herkes toplum tarafından kabul görmek ister. Ama kabul görmek için kişiye ve durumlara göre hareket etmek sizi siz olmaktan uzaklaştırır. Kendinize ait fikir ve net düşünceleriniz yoksa kalabalığın içinde yok olursunuz.

Toplumda, sosyal bir varlık olarak bir gruba, bir aileye, bir zümreye ve bir çevreye ait olmak evrimsel olarak hayatta kalmamızı kolaylaştırır. Dahil olduğumuz bu gruplar içerisinde tutunabilmek adına zaman zaman kendimizden uzaklaşabilir ve üyesi olduğumuz gruplara göre kendi karakter ve kişilik özelliklerimizi değiştirmek zorundaymışız gibi hissedebiliriz.

Hemen hemen hepimiz kırılganız, hepimizin korkuları ve endişeleri var. Hepimiz sevilmek ve onay görmek istiyoruz. Ama düşüncelerinizde net olmazsanız, kimliğiniz konusunda ayaklarınız sağlam yere basmazsa, diğerlerinden kolayca etkilenip fikirleriniz değişirse, o topluluk içinde yok olur gidersiniz. Girdiğiniz her farklı duruma göre farklı bir kişilik sergilemeniz insanların gözünde tutarsız ve güvenilmez olduğunuz izlenimini yaratır. Böyle birine siz olsanız güvenir misiniz?

Farklı fikirleri söylemek ya da bir topluluktan farklı olmak size dışlanacağınızı ya da sevilmeyeceğinizi düşündürtebilir, fakat gerçekten başarılı insanlar dışlanmaz, onlar orijinallikleri ve farklılıkları sayesinde otorite sahibi olurlar. Kaba, kötü, kırıcı biriyseniz dışlanmanız kaçınılmazdır. Nazik, düşünceli, ilgili ve saygılı olursanız sevilir ve kabul görürsünüz. Düşünme tarzınızda farklı, orijinal, iyilik veya fayda sağlayıcı ya da yaratıcı olursanız parmakla gösterilir saygı ve hayranlık duyulan biri olursunuz. Kendiniz adına düşünmek için kim olduğunuzdan emin olmanız ve düşüncelerinizde net olmanız, bunları da net bir şekilde ifade edebilmeniz gerekir. Eğer düşünceleriniz bulanıksa ve hâlâ kendinizden emin değilseniz bu iletişim halinde olduğunuz insanda güven sorunları oluşturur.

Emin olduğunuz fikirleriniz, gerçekten doğruluğunu düşündüğünüz kişilik yapınız varsa bunun arkasında durun ve diğer insanları kırmamak adına fikrinizi söylemekten çekinmeyin. Unutmayın net fikir söylemek de bir tür sınır çizmektir. Doğruluğundan emin olduğunuz kişiliğinizin, düşüncelerinizin ve sınırlarınızın farkında olun.

Geçmiş Travmalarımla Nasıl Başa Çıkarım?

Geçmişinize size öğrettiği tüm dersler için teşekkür edin. Derslerinizi yanınıza alıp acılarınızı olduğu yerde bırakın. Deneyimlerinizin sizi kurban ya da mağdur değil, usta ve güçlü yapmasına izin verin.

Geçmişte yaşadığınız acılarla başa çıkmak pek kolay bir şey değildir. Çünkü bazen o acıya tutunmak ister insan, o acıyı yaşadıktan sonra iyi şeyleri hak ettiğini düşünmez. "Babam bir alkolikti..." "Annem bana hiç sarılmadı..." "Ailemi küçük yaşta kaybettim..." "Çocukken hiç sevgi görmedim..." gibi cümleler geçmişinizde var olabilir.

Geçmişi travmalarla dolu insanların hayata karşı küskün olması, gelecekten umudunu kesmesi sıklıkla gelişen bir durumdur. Çok acı çektiniz, sevilmediniz, duygusal olarak aç bırakıldınız diyelim. Peki bunlar size neler öğretti hiç bu tarafından bakmayı denediniz mi? Güçlü olmayı, sevginin gerekliliğini, kendi başınıza ayakta durmayı, iyi bir aile kurmanın önemini öğretti belki de. Geçmişi bırakıp aldığınız derslerle ilerlerseniz hayatınız dönüşmeye ve sizin için güzel şeyler olmaya başlar. Kendinizi kurban ya da mağdur olarak algılamaktan çıkıp hayatınızda bir şeyler yapmaya ve çevrenizdeki şeyleri değiştirecek güce sahip olduğunuzu fark etmeye başlarsınız.

Sürekli kurban psikolojisinde hissetmek, geçmişe dertlenip suçlu aramak bugününüzü esaret altında geçirmeniz demektir. Sizi yeni olandan alıkoyan, mutluluk denizine yelken açmanızı engelleyen bir şeydir bu psikolojinin içinde yaşamak.

Belki sevilmediğiniz, belki hak etmediğiniz şeyler oldu, belki de hiç ummadığınız kişiden ummadığınız davranışlara maruz kaldınız ama mutlaka bir şeyler öğrendiniz ve en kötü olay bile size bir şey kattı. Alacağınız dersi alın ve geçmişte yaşamaktan vazgeçmeyi öğrenin.

Çoğu kişinin hayatı gerçekten zorluklarla ve önemli travmatik deneyimlerle geçiyor ama onların hikâyelerine detaylıca bir baksak bir şekilde hayatlarına tutunduklarını ve yaşamdan vazgeçmemek adına mücadeleye devam ettiklerini görürüz. Hatta çoğu başarılı ve bugün ismini bildiğimiz pek çok bilim insanının, şairin, yazarın yaşam hikâyelerine baktığımızda oldukça travmatik olaylara bile rastlarız.

Bazı kişiler de 10-20 sene önce yaşadığı bir acıyı hiçbir şekilde unutmuyor ve devamlı bu acıyı konuşarak hâlâ onu kıran kişiye lanetler yağdırarak, şansızlığına yanıyor. Ya da geçmişteki eşine, yanlış davrandıkları için anne babasına hâlâ öfke ve kızgınlık duyuyor. Tanıştığım biri şöyle bir hikâye anlatmıştı: On beş yıl önce kocası başka bir kadınla kaçmış ve kızı üç yaşındayken bir başına kalmıştı. Tek başına hem çocuğuna bakıyor hem de çalışıyordu. Hayat bu şekilde giderken her karşısına çıkana kocasına olan öfkesini, ne kadar şanssız olduğunu anlatıyordu. Bu öfkeden dolayı da ne arkadaşlarıyla ne de potansiyel eş adaylarıyla hiçbir şekilde mutlu ve sağlıklı bir ilişki kuramıyordu. Şimdi bu öfke en çok kime zarar verir sizce? Tabii ki kadına. Peki bu kadar zorlu bir deneyim yaşamasına rağmen yine de hayatında kurban olmayı o mu seçiyor? Evet, hem de sonuna kadar, tabii ki yaşadığı zor bir tecrübe, çocuğuyla bir başına kalmak, terk edilmek kolay şeyler değil. Ama alacağı dersi alıp, bir daha böyle bir eş seçmemek adına yola çıkıp, hayatına devam etmeliyken geçmişin hayaletiyle bugün karşısına çıkan her şeye olumsuz tavır geliştirmesi onun kendi hayatını engellemekten ve sabote etmekten başka bir işe yaramayacaktır.

Geçmişi bırakmak bazen çok korkutucu olabilir çünkü geçmişinizde yaşamaya o kadar alışmışsınızdır ki başka gidecek yeriniz yok gibi gelir. Geçmişi bırakmak sizi sıfır noktasına getirebilir, ama güzel olan sıfırın bir başlangıç noktası olduğunu görmektir.

Geçmiş, ne olursa olsun geçmişte kaldı. Çoktan geçip gitmiş bir şeyi değiştirmek elinizde değil. "Geçmişte ne güzel günlerim vardı" diye hayıflanmak ya da "Ben hep şanssız bir çocukluk geçirdim, yaşam bana acımasız davrandı" diye kendinize acımak, anı güzel bir şekilde yaşama şansınızı azaltır. Dikkatinizi şimdiki zaman ve buraya vermelisiniz. Önceden olanlar üzerinde durmanın cazibesine karşı koymak zordur fakat hayatınızda başarılı olmak istiyorsanız dikkatinizi şu anda sizin için akıp giden hayata yönlendirmelisiniz.

Mükemmel veya berbat olduğu için geçmişe takılıp kalmayı seçmiş olabilirsiniz. Her iki durumda da onu geride bırakmanız gerek çünkü sadece şimdiki anda yaşayabilirsiniz, sadece şimdiki anda yaşayarak gelişebilirsiniz, yoksa geçmişe ait düşünceler gelişiminizi durdurur. Aslında hiç gelişememek, mutsuz olmak, kötü anılardan değil, geçmişe saplanıp kalmaktan kaynaklanır. Kendinizi bu olumsuz duygulara teslim eder ve size yapılanlardan ötürü kendinize acımaya devam ederseniz mutsuz, negatif bir kişiye dönüşür ve bir kurban olursunuz.

Yara aldığınızda hayatınız hep bu yaranın etrafında dönüp dolaşmak zorunda değil; kendinizi toplayın, üzerinizdeki tozu toprağı silkeleyin ve kendinize hayattan tekrar nasıl keyif alacağınızı hatırlatın. Artık bırakın geçmişteki acı deneyimlere tutunmayı, hepsi geçmişte kaldı, her an iyi hissetme şansınız var. Fırsatları görün ve değerlendirin.

Geçmişte yaşadığınız acılara tutunarak yaşamınızda bir kurban olmayı tercih edebilirsiniz ya da yaralarınızı sarıp, yanlış giden şeylerden ders alıp daha da güçlenerek hayat yolunda adım atabilirsiniz. Aynı deneyimlerle hayatınızda ya kurban olursunuz ya da kahraman. Seçim sizin.

Hayatla İlgili Kaygılarımdan Nasıl Kurtulurum?

Hayatla ilgili kaygılarınızın çok arttığı dönemlerde kendinize "En kötüsü ne olabilir?" diye sorun, en kötüsünü kabullenip başa çıkma yolları üretin. Endişe ile sağlığınızdan olacağınıza doğrudan çözüm yolu bulmaya odaklanın.

Hayatla ya da bir durumla ilgili endişelendiğinizde, endişe sadece canlılığınızı yitirmenize ve enerjinizi kaybetmenize neden olmaz aynı zamanda hayat ve iş kalitenizi de düşürür ve olaylarla gerçekçi bir şekilde başa çıkma yeteneğinizi engeller. Kaygı, gerçekle aranıza giren bir sis bulutu gibidir ve yoğunlaştıkça görüşünüzü kaybetmenize, doğru olmayan fikirlere saplanıp kalmanıza neden olur. Kötü şeyler beklemek, geleceğin neler getireceği konusunda korkmak çok büyük bir stres kaynağıdır.

Hepimiz çoğu şey için endişeleniriz. Ailemiz için, sağlığımız için, geleceğimiz için... Ve çoğunlukla gerçekleşmesi olasılık dışı olan şeyler için de endişeleniriz. "Ya deprem olursa?" "Piyasa çok kötü, ya işsiz kalırsam?" "Eşim ya beni aldatırsa?" "Çocuğum ya uyuşturucuya alışırsa?" "Ya parasız kalırsam?" "Ya evde yangın çıkarsa?" "Ya üniversiteye giremezsem?" "Ya ilerde iş bulamazsam?" "Ya kanser olursam?" vs. diye uzayan hayatı zindan eden sınırsız endişe cümleleri sizi kilitler ve neredeyse hareket edemez hale getirir. Bu düşünceler içinde stres yaşayıp mutsuz olacağınıza kendinize şu soruları sorun: "En kötü ne olabilir?" "Bunu nasıl çözümlerim?" "Bunu nasıl engellerim?" Bu sorularla zihninizdeki endişe dolu düşünceleri sonuçlanmış cevaplara dönüştürürseniz ve istikrarlı şekilde cevapları düşünürseniz endişeleriniz kaybolmaya başlayacaktır.

Sorunla ilgili endişe duymaktansa, sorunu çözmek için harekete geçin. Kaçınılmaz bir durum varsa, durumu değiştiremiyorsanız, onu kabullenmeye ve onunla yaşamaya hazırlanın.

Düşüncelerinizin sizi çok iyi hissettirebilecek ya da tam tersine çok mutsuz edecek güçleri vardır. Düşünce biçiminiz inançlarınıza dönüşür, gerçekliğinize şekil verir ve sizi olduğunuz kişi yaparlar. Kendiniz ve sevdikleriniz için daha iyi bir hayat yaratmak istiyorsanız, sahip olduğunuz inançlarınızın size iyi hizmet ettiklerinden, mutluluğunuzu, beden ve ruh sağlığınızı sabote etmediklerinden emin olmanız gereklidir. Hayatımızı düşüncelerimizle yaratırız. İnançlarımız kısıtlayıcı ve negatifse hayatlarımız da öyle olur. Bu dünyaya bir at gözlüğü ile bakmaya benzer, sadece belli bakış açısıyla görebildiğiniz sınırlı bir dünya vardır karşınızda. Hayat size hak ettiğinizi düşündüğünüz şeyleri, insanları ve deneyimleri verir. "Tüm erkekler/kadınlar yalancıdır" diye düşünen birini ele alalım. Bu kadar net düşünce ve inanç kalıpları doğrultusunda, mutlaka böyle hissettiren kişileri yaşamına çekecek, olmayanları da yalancıya çevirecektir. Bu konuda öyle takıntılı olacaktır ki, karşısındaki kişi ondan kurtulmak için yalan söylemek zorunda kalacaktır. Peki buna ne sebep oldu? Düşünce ve inançlar...

Negatif düşüncelerin yerine pozitif olanları harekete geçirirseniz, zamanla eski ve kısıtlayıcı düşüncelerinizden kurtulursunuz. Küçük adımlarla başlayın, kaygılı olmak yerine pozitif düşüncelere çevirdiğiniz düşüncelerle hareket edin. Hayatınızda birçok değişiklik olmaya başlayacaktır. Davranışlar değiştikçe düşünceler, düşünceler değiştikçe davranışlar değişir. Bu da size huzurlu bir dünyanın kapılarını aralar.

Hayatımdaki Değişimi Nasıl Başlatacağım?

Değişmek, gelişmek,
öğrenmek ve daha iyiye
adım atmak için hiçbir
şey yapmazsanız hiçbir
şeye dönüşürsünüz.

Hepimiz alışkanlıkları olan varlıklarız; çoğumuz hayatımızı rutin ve otomatiğe bağlanmış bir şekilde yaşarız. "Ya başaramazsam?" diye hissettiğiniz korkular, "Azıcık aşım, ağrısız başım" diye kabullenilmiş inançlar, sizin hayattan hep korkmanıza ve istediğinizi alamamanıza, almak için adım atamamanıza sebep olur. Yetersiz özgüven, geçmişte yaşanan travmalar, korku ve kaygılar değişimin önündeki büyük engellerdir.

Güvenlik, "korkudan ve endişeden arınmışlık" anlamına gelirken; fırsat, "ilerleme ve gelişim için iyi bir imkân" demektir. Bu iki kavram zıt taraflarda mı duruyor? Kesinlikle öyle olmak zorunda değil. Özgüvenli insanlar hayatlarında hem güvenlik hem de fırsatı bir arada ararlar. Anahtar bu ikisi arasında bir denge kurmaktır.

Yeni şeylere başlamak için korku duyuyorsanız bu korkuların yerinde olup olmadığını tartmak gerekir. Olmayan bir şeyden korkmak anlamsızdır. Korkularımızda haklı olduğumuzu anlarsak o zaman duruma balıklama atlamak da cahil cesareti olur. Eğer korkularımızın yeni, farklı veya yeteneklerimizi çok aşan bir şeye başlarken hissettiğimiz doğal bir sıkıntı olduğunu anlarsak, o zaman ondan kaçmak yerine korkularımızla yüzleşmek daha doğru olacaktır.

Hiç gelişmeden, öğrenmeden belki o rutinin içinde kalır, bir şekilde güvenli bölgenize tutunursanız hiçbir zaman tam anlamıyla kendi benliğinizin gerektirdiği kişi olamazsınız. Hayatın içinde sadece güvenli bölgenizde kalarak akış nereye götürürse oraya savrulur gidersiniz, varlığınızla parlayamaz ve ortaya çıkamazsınız.

Aslında rutin içinde devam ederken bile daha fazla üretmeli, öğrenmeli, değişmeli ve gelişmeye açık olmalısınız. Bir şeyi neden yapamadığınızla, neden gelişemediğinizle, neden adım atamadığınızla ilgili bahane üretmeden, neden onu yapmanız gerektiğine, varlığınızı göstermek istediğiniz şeye odaklanırsanız sonunda mutlaka adım atacak bir yol bulursunuz. Sadece biraz istek, biraz cesaret, biraz emek ve tam donanımlı bir kendine inanç sizin için yeterli olacaktır. Ne yapabileceğinizle ilgili bilgi toplayıp, kendinize inanıp, bahanelerinizi bir kenara bırakıp adımınızı atın, neler yapabileceğinize siz de inanamayacaksınız...

Yaşamda birçok şey olmak varken, neden hiçbir şey olmayı seçesiniz? Korkularınızdan, geçmişte sizi değersiz hissettiren her bir ilişkinizden, "Sen yapamazsın!" diyen kafanızdaki seslerden, ürettiğiniz bahanelerden uzaklaşın. Ve adım atın, öğrenin, gelişin ve değişin. Bu dünyanın size ihtiyacı var.

Unutmayın, cesaret etmek, kısa bir süre için güvenli bölgeden çıkmaktır. Sürekli risklerden kaçan, cesareti olmayan kişiler, zamanla yaşama sevinçlerini, ruhlarını ve fırsatları da kaybederler.

Her şeyin nasıl gideceğini hiçbir zaman tam bilemememize rağmen, aldığımız riski en aza indirgeyebilir veya inançla attığımız adımın bizi sağlam zemine indireceği ihtimalini artırabiliriz. Riskleri hesaplayın, en doğru zamanı bulun ve savaşmaya başlayın... Cesur olun.

Sadece şu an nasıl yaşayacağınızla ilgili karar verebilirsiniz. Öleceğiniz zamanı ve sevdiklerinizi ne zaman kaybedeceğinizi bilemezsiniz... O yüzden pişman olmayı beklemeden, zaman kaybetmeden harekete geçin...

Birçoğumuz nasıl yaşayacağımızı seçmiyoruz; tekdüze bir hale gelen rutinlere dalıyoruz ve biz bir robot gibi hareket ederken hayat akıyor. Üzücü olan, önemli duygusal bir olay yaşamadığımız sürece daha farklı bir yaşamı çok nadir arıyor olmamız. Konfor alanına saplanıp kalmak çok da az başımıza gelen bir şey değil. Sevdiğimiz biri ölür; işimizden oluruz; eşimiz boşanmak ister, ancak bu durumlar bizi yolumuzdan alıkoyar ve günlerimizi nasıl geçirdiğimizi sorgulamaya iter. Acımasızca yaptığımız dürüst değerlendirmeler sonucunda, pişmanlıklarla dolu bir hayat yaşadığımızı fark ettiğimiz için, bu bizi radikal değişikliklere götürür. Belki kaybettiğiniz annenize, babanıza yeterli ilgi ve sevgiyi vermediniz, belki eşinize daha iyi davransaydınız boşanmak zorunda kalmazdınız, işinize gerekli özeni ve değeri göstermediğiniz için kovuldunuz. Belki, belki, belki... Keşke travma yaşamadan değerli olanı fark etsek, keşke her anımızı güzel yaşamak için pişman olmayı, hastalanmayı, kaybetmeyi beklemesek, rutinlerde boğulup robotlaşmadan sevgimizi çevremizde ihtiyacı olanlara versek...

Hayatınızda, başınıza gelen olayların sonucunda pes etmeyi tercih edebilirsiniz ya da almanız gereken dersi alıp, tekrardan devam etmeyi seçebilirsiniz. Şu andaki durumunuz ne olursa olsun içinde yanlıştan çok doğru var, sahip olduklarınız inanın sahip olmadıklarınızdan çok daha fazla. Yeter ki siz, güzel yanları, çıkış kapılarını ve fırsatları görmek isteyin. Nasıl bakarsanız öyle görürsünüz, tahmin ettiğinizden çok daha fazlasına sahipsiniz. Hayatınızda başınıza ne gelirse gelsin, çok fazla çözüm ve fırsat kapıları olduğunu unutmayın. Yeter ki görmek isteyin, zor durumlarla karşılaştığınızda önce sahip olduklarınız için şükredin, daha sonra nasıl çözümleyebilirsiniz bu durumu, nasıl başa çıkabilirsiniz diye tek tek maddeler hazırlayın, sakın pes etme yolunu seçmeyin, her düşüş yeniden doğmak için bir fırsattır, yeter ki görmek isteyin. Unutmayın hayatınızın kaptanı sizsiniz.

Hayatınızdaki tüm olayları kontrol edemeyebilirsiniz ama olaylarla nasıl başa çıkacağınızı kontrol edebilirsiniz. Savaşmak da sizin seçiminiz, pes etmek de...

Düşünme tarzınız ve bakış açınız ne kadar başarılı olacağınızı belirler. Doğru düşünme tarzına sahip birinin başarıya ulaşmasını hiçbir şey engelleyemez, yanlış düşünme tarzına sahip birinin ise başarıya ulaşması çok zordur. Sizin şu anki tutumunuz ne? Hâlâ "Ama korkuyorum..." ya da "Ama emin değilim..." mi diyorsunuz? Amalarınızdan kurtulun ve ne gerekiyorsa onu yapın...

Unutmayın duygu ve düşünceler, hareketleri takip eder. İyi hissetmeyi beklemeden harekete geçerek olumsuz duygu ve düşüncelerinizi değiştirebilirsiniz. Mükemmel anı ya da gelecek ilhamı beklemek yerine, karar verme konusunda kararlı olun. Karar verdiğiniz ve yaptığınız için kendinize saygı duyacaksınız ve hayatınızın sizin kontrolünüzde olduğunu hissedeceksiniz.

Bir şeye başlamak için duygusal olarak iyi hissetmeyi beklemeyin. Siz adım atmaya karar verin, iyi hissedeceksiniz zaten. Mükemmel anı beklemek yerine isteklerinize için kararlı olun ve ertelemeden başlayın.

Her gün bir seçim yapıyorsunuz. Şu an bulunduğunuz noktanın, hayatınızın en büyük sorumlusu sizsiniz. Kendinize kadersiz ya da şanssız demeden önce bir kez daha düşünün, zannettiğinizden çok daha güçlüsünüz.

Neden Duygularımı İfade Etmekten Çekiniyorum?

Küçük yaşlardan itibaren güçsüz gözükmemek için ya da ayıp olur diye duygularımızı saklamayı öğreniriz. Oysaki ifade etmediğimizde duygular ortadan kalkmaz, aksine içinizde birikir, olumsuz düşüncelere dönüşür. Ruhsal özgürlük için duygularınızı ifade edin.

Duygularımızı ifade etme konusunda ne kadar cesuruz sizce? Yetiştiğimiz aile, toplum ve kültür her ne olursa olsun güçlü ol, ayakta kal, savaş ve mücadele et derken aslında kendimizi ifade etme konusunda bazı sınırlar da koyuyor. Güçlü olmak demek duygusuz gibi davranmak demek değildir. Duyguları ifade etmenin önemini bize kimse öğretmez, aksine duygunuzu göstermedikçe, onları sakladıkça güçlü olduğunuz öğretilir. Onları saklamayı o kadar iyi öğreniriz ki duygularımız, bilincimizin çok altında bir yerlere gömülü kalır ve gerçek benliğimize karşı körleşiriz. Ama gerçek benliğimiz alttan bizi rahatsız ve mutsuz eder. İfade etmediğinizde duygularınız ortadan kalkmaz; onları içselleştirir ve kendinizi bastıran duvarlar örersiniz. Ancak gerçek duygularınızı tanımayı ve ifade etmeyi öğrendiğiniz zaman ilişkilerde güven inşa edebilir ve başkalarıyla gerçekten iletişim kurabilirsiniz.

Erkekler, herkesin içinde nadiren ağlarlar, çünkü ağlamak son derece cinsiyete özgü kılınmış bir eylemdir. Erkek çocukları çoğunlukla "Erkek adam ağlamaz!" öğretisiyle yetiştirilirler. Erkekler yetişkin olduklarında da bir kadını ağlarken gördüklerinde de bilmedikleri bir duygu ifadesiyle karşılaşırlar. Ya ağlayan kadını bir şekilde teselli ederler, ya zayıflık olarak görürler, ya da korkup kaçarlar. Kimi erkek için bir kadını ağlatıyor olmak başarısızlıkla eşdeğerdir ve bununla yüzleşmek zordur. Peki ya erkeklere ağlamanın normal olduğu öğretilseydi? O zaman bir kadınla birlikte ağlamanın destek vermek demek olduğunu, gerçekten acı ve hüznün ifadesi olduğunu öğrenselerdi, kadınlara bakış açıları farklı olmaz mıydı? Hepimiz insanız, cinsiyet ayırt etmeksizin aynı duygularla doğduk. Sadece sosyal öğretiler, kültür ve toplum bizleri daha da farklılaştırdı.

Çekingenlik ya da sosyal fobiye bağlı olarak toplum içinde de kendimizi ifade etmekte zorlanabiliriz. Aşağılanma korkusu, eleştiriden kaçınma, reddedilme korkusu, rezil olacağım düşüncesi, herkes tarafından izlendiğini düşünme gibi durumlar kaygı yaratır ve temelde yer etmiş özgüven problemiyle birleşerek tepkisiz kalmaya, suskunlaşmaya, duyguları içeride yaşamaya ve hayır diyememeye neden olabilir. Bu tip insanların zihninde neredeyse bir savaş var gibidir. Kendini engelleme ile birlikte bir susturma savaşı sürdürebilirler. Bu savaşta bazen kendine kızgınlık, öfke bile yer edinebilir. Kendi kendilerine inandırdıkları bir kendilik değerleri vardır çekingen kişiliklerin ve aslında gerçek potansiyellerinin de farkında değildirler.

Esasında bir insanın potansiyelini keşfedebilmesi için de kendisini, duygu ve düşüncelerini ortaya koyması ve diğer insanlara açması gereklidir. Dışarıdan aldığımız yansımalar gerçek potansiyelimizin ne olduğunu görmemizi sağlaması açısından önemlidir. Ama suskun kalmak, kendini gizlemek ve içe kapanmak sizi topluluk içinde bir hayalete dönüştürür. Bir savaşçı kendini ancak cephede gösterebilir.

Başarılı bir iletişimin altın kuralı kendini doğru ve iyi bir şekilde ifade etmektir. Buna insan olarak da çok ihtiyaç duyarız. Örneğin bir gün oturduğunuz kafede yan masadaki insanları gözlemleyin. Herkes sürekli başından geçen olaylar ve durumlar karşısında ne hissettiklerini, verdikleri tepkileri anlatmaz mı? Gün içerisinde bir yakınınızla konuşurken kendinizi ruhsal durumunuzu anlatırken bulmaz mısınız? Bu çok temel bir ihtiyaçtır. Anlatılamayan, dışarıya çıkarılamayan duygular daha derin ve sancılı şeylerin ortaya çıkmasına neden olabilir.

Depresyon bunlardan biridir. Dertlerinizi, problemlerinizi çözmek için konuşmak yerine sürekli içinize atarsanız bir süre sonra hem bedenen hem de ruhen etkilenirsiniz. Üzgünseniz üzgün olduğunuzu, mutluysanız mutluluğunuzu, canınız istemediği halde yapmak zorunda olduğunuz bir şey varsa bunu ifade edin. Bu hem kendilik değerinizi artırmanıza hem de rahatlamanıza yarayacaktır.

İnkâr etmeyin ifade edin. Ne kadar kırıldığınızı, üzüldüğünüzü, öfkelendiğinizi, kalbinizin kırıldığını söyleyin. Karşınızdakini ve kendinizi suçlamadan sadece ne hissettiğinizi, duygularınızı söyleyin. Onlar sizin duygularınız, bırakın konuşsunlar...

Neden Kararlarımı Uygulamaya Koymakta Zorlanıyorum?

Özgüveni ve öz değeri azaltan en büyük etkenlerden biri yapmak istediklerinizi ertelemektir. Değişim ve gelişim için en uygun zaman şimdi ve şu andır.

Ertelemek, bugün yapılması gerekeni yarına ve hatta yine yarına, sonra tekrar yarına ötelemektir. Aslında bir nevi "zaman kaybı" ve "zaman hırsızlığı"dır. Tabii ki bazen mecburiyetlerden dolayı ertelemek doğaldır ama bu alışkanlık haline gelip, sizi sabote eden, gelişiminizi engelleyen bir duruma dönüştüyse burada zarar verici bir durum söz konusudur.

Sürekli erteleyenlerin sığındığı bazı limanlar vardır ama bunlar genelde gerçek mazeretler değildir. Aslında başarısızlık riskinden kaçınmanın bir yolu da hiçbir şey yapmamaktır. Çünkü denenmemiş bir şey hiçbir şekilde bir tehdit barındırmaz. Hiçbir şey yapmayarak, sürekli erteleyerek risk almadığınızı düşünebilirsiniz ama bunun sonucu hiç gelişememek ve mutsuzluk olur.

Shakespeare'in dediği gibi: "Hiçbir şey yapmazsanız, hiçbir şey kazanamazsınız." O yüzden ertelemek, zaman kaybı ve gelişememektir, kaybettiğiniz her gün, gelişebileceğiniz anları kaybetmek ve kendi kendinizi sabote etmektir.

Belki de yapmak istediğiniz şey konusunda netsiniz ama "... olduğunda yapacağım" diye erteliyorsunuz. Peki ya "Emekli olduğumda seyahat edeceğim..." "İş çok yoğun olmadığı zaman çocuklarla daha çok vakit geçireceğim..." "Ekonomi kötü olmadığı zaman kendi işimi kuracağım..." " ... olduğunda yapacağım" koşulları hiç gerçekleşmezse? Kendini değerli ve güvenli hisseden ya da hissetmek isteyen kişiler hiçbir zaman ideal şartları beklemezler, onlar ideal şartları kendileri yaratırlar. Hiçbir zaman mükemmel anın olmayacağını bilirler. Hayatlarındaki önemli şeyler için zamanı "şimdi" olarak belirlerler.

Kendiniz için bir şeyler yapmayı sürekli ertelerseniz, bu hem yaşam kalitenizden hem de kendi değerinizden götürür. Hele hele hedeflerinizden, başka kişiler ya da ilişkiniz için vazgeçerseniz o zaman öz değeriniz büyük yara alır. Üstelik uzun vadede karşınızdaki kişi için değersizleşir ve kendinizi de değersiz hissetmeye başlarsınız. En güzeli ideal şartı beklemeden harekete geçmek, istek ve sevdiklerinize şimdi sıkı sıkı tutunmak ve yaşamı ertelememektir...

Unutmamak lazım ki düne dönme hakkınız yok ama yarın için yaratacağınız bir dünya var. Peki neyi seçeceksiniz? Bugünden bu dünyayı yaratmaya başlamayı mı yoksa o kapının önünde bekleyerek zaman kaybetmeyi mi?

Etrafımdaki İnsanları Nasıl Seçebilirim?

Hayatınızı ve zamanınızı sizi aşağı çeken insanlarla değil, sizi olduğunuz kişi olarak seven, size saygı duyan, cesaret veren ve hayallerinize inanan insanlarla doldurun.

İnsanlarla ilişkilerimizde ve etkileşimlerimizde bazı insanların bize kendimizi iyi hissettirdiğini fark ederiz. Bu kişiler bizi destekler, ilham verir ve motive ederler. Onlarla vakit geçirdiğimizde daha mutlu, daha enerjik oluruz ve daha fazlasını yapabileceğimiz duygusuna kapılırız. Bir de bunun tam tersi duygular yaratan insanlar vardır; onlar bizi devamlı aşağı çeker ve mütemadiyen mutsuzlardır, devamlı yakınırlar, duyguları değişkendir, felaket tellallığı ve dedikodudan beslenirler ya da sürekli kendinden bahseden meşgul insanlardır, hatta saldırgan ve anlaşmanın mümkün olmadığı; hayalleri ya da beklentileri olmayan, hayat yorgunu insanlardır bunlar. Bizi güçlendiren olumlu ilişkileri tutup beslemek, bizi küçülten, enerjimizi sömüren ilişkilerden uzak durmak hayatınızı zengin yaşamanıza olanak sağlar.

Tabii ki kimi ilişkilerden uzak durmak ya da mesafe koymak diğer ilişkilere kıyasla daha zordur. Aile ve akrabalarla olan ilişkiler buna bir örnektir. Kardeşimizden, anne babamızdan her ne kadar bizi zorlasa da uzak durmak öyle kolay olmayabilir. Buradaki en önemli mesele yakın akrabanıza bu şekilde davranmasının size nasıl hissettirdiğini söylemeniz ve size istediğiniz şekilde yardımcı ve destek olmadıklarını, bunu yerine daha yapıcı tavırlarla destek olmalarını istediğinizi anlatmaktır. Eğer kabullenmiyorlarsa, onları tümüyle hayatınızdan çıkartmak mümkün olmayacağına göre onlarla daha az zaman geçirmeyi seçmeniz ve söyledikleri karşısında duygusal yansımalara girmemeniz çok önemlidir. Arkadaş ilişkilerinde de aynı süreç geçerlidir ama arkadaşlıkların size faydadan çok zararı varsa uzaklaşmanız ve onlarla zaman geçirmeye son vermeniz daha doğru olur. Sizi olduğunuz kişi olarak seven, size saygı duyan, cesaret veren ve hayallerinize inanan kişilerle doldurun hayatınızı...

Kimi ne zaman, ne kadar ciddiye alacağınızın seçimi, mutluluğunuzun seviyesini belirler. Herkesi ciddiye almayın, hele sizi kötü hissettiren, eleştirenleri asla.

Hayatınızdaki her kişinin sizin yaşamınızda bir rolü vardır. Bazı bireylerin düşünce yapısı, kişilik özellikleri sizin yapınızla çok uymayabilir ama öyle bir iyi noktası vardır ki siz onu o noktayla hayatınızda tutarsınız. Hayatınızda çok fazla arkadaşınızın olması güzel bir şeydir ama hayatınızdaki kişileri ne kadar önemseyeceğinizin, söylediklerinin sizin ruhsal durumunuzu ne kadar etkileyeceğinin, hangi konuda ne kadar fikir danışacağınızın seçimi size aittir. Kimin ne kadar fikrini dinleyeceğiniz ya da kulak asacağınız, sizin hem yaşam kalitenizi hem de mutluluğunuzu belirler. Mutluluğunuzu ya da hissiyatlarınızı insanların söylediklerine göre belirlemeyin, kimden ne zaman, ne kadar etkilenmeniz gerektiğini fark edin. Mutluluğunuzu başkalarının kendi hayatından getirdiği önyargı ya da fikirlerine bırakmayın. Unutmayın her insan kendi isteklerine, yaşadıklarına, yaşayamadıklarına ya da yaşamak istediklerine göre fikir söyler...

Siz mutluluğunuzu bunlara bağlamayın, kendiniz yaratın.

Başarılı Yaşama Sanatı Mümkün mü?

Güçlü yanlarınızı, zaaflarınızı ve sınırlarınızı bilin ve kabul edin. Kendinizi başkalarıyla kıyaslamayın ve her zaman kendinize gerçekçi hedefler koyun. Bu farkındalıkla her şeyi başarabilirsiniz.

Yaşamda gerçek başarı, kişinin öncelikle kendi güçlü yanlarını, sınırlarını ve zayıf noktalarını bilmesiyle olur. Kendisinin nerede, nasıl davranırsa başarılı olabileceğini, nerede nasıl yanılabileceğini, nelerde çok iyi olduğunu, nelerde çok da iyi olmadığını, hangi şartlarda başarılı, hangi şartlarda başarısız olduğunu bilmesi ve gerçekçi hedeflere adım adım ilerlemesi başarılı bir yaşam sanatının anahtarlarındandır.

İnsan doğası gereği kendi sahip olduğu olumlu özelliklerini küçümseme, sahip olmadıklarını ise gözünde büyütme eğilimindedir. Ama hayran olduğumuz, özendiğimiz veya kıyaslama yaptığımız kişilerde ise tam tersi durumlar geçerlidir. Onlar gözümüzde neredeyse birer süper kahraman gibidirler. Hayran olduğumuz kişilerin sahip oldukları olumlu özellikleri gözümüzde büyütüp, kendi sahip olamadıklarımıza daha çok odaklanırız. Bunun yerine ilginiz hep kendinizde olsun, elbette onları takdir edin ama kıyaslamayı bir tarafa bırakın, kendi başarılı olabileceğiniz noktaları, sınırlarınızı, zaaflarınızı bilin. Kendinize gerçekçi hedefler koyun ve yolunuza bakın. İşte o zaman başarılı olamamak için hiçbir nedeniniz kalmaz.

Yaşamda başarılı olmanın en önemli kriterlerinden biri de güvenilir olmaktır. Bunun için hayattaki rolünüzü bulmalı, hedeflerinizi ve amaçlarınızı netleştirmelisiniz. Sözleriniz ve davranışlarınız her zaman birbiriyle tutarlı olmalıdır. Güvenilir olmak, sözüne itimat edilmek ya da davranışlarla sözlerin tutarlı olması kıymetlidir. Konfüçyüs insanı başarılı yapan özellikler listesinin başına "güvenilir olma"yı koymuştur. Bir işte başarılı ve insan ilişkilerinde güçlü olmak istiyorsanız sözleriniz ve davranışlarınız daima birbirine ayak uydurmalıdır. Çünkü insanlar eninde sonunda sizi sözlerinizle değil yaptığınız işlerle, davranışlarınızla yargılayacaktır. O yüzden istikrar ve sözle davranışın uyumu çok önemlidir.

Hayatta her insanın bir rolü vardır. Öncelikle sevdiğiniz işi bulmalısınız çünkü başarılı olmak için öncelikle yaparken mutlu olduğunuz bir işiniz olmalı. Kendinizi hayatta tanımladığınız rolünüze uygun bir mesleğiniz olmalı. Bu mesleği bulmak için kendinize soracağınız en önemli 3 soru şunlardır:

1. İlgi alanlarınız nelerdir?
2. Becerileriniz nelerdir?
3. Kişilik yapınız nasıl çalışmaya uygundur?

Tabii ki sonra da hedef ve amaçlarınızın netleşmesi çok önemlidir. Seçtiğiniz meslekte nereye gelmek istiyorsunuz ve gelmek istediğiniz yere giden adımlar neler? Eksik olduğunuz şeyler var mı ve bunları kapatmak için neler yapıyorsunuz? Doğru insanlarla mı hareket ediyorsunuz? Kendinize olan inancınız tam mı ve bunu gerçekten istiyor musunuz? Bunlardan sonra adım adım hedefiniz doğrultusunda ilerlersiniz.

Hayatta başınıza gelen her şeyi kontrol etmeye çalışmadan işlerin doğal bir şekilde yolunda akmasına izin verin. Nihai olarak hedefinize varacak yollar çeşit çeşittir. Tek bir yolda ısrarcı olmayın ve takılıp kalmayın. Hayatın planlarının belki de sizin planlarınızdan daha iyi olduğuna güvenin. Hayatın nasıl gitmesi, insanların nasıl davranmaları gerektiği konusunda sabit planlardan, katı inançlardan kaçının, esnek olun ve zihninizi olup bitenlere karşı açık tutun. İşler kafanızdaki gibi gitmezse kendi haline bırakın. Belki de sizin gitmelerini istediğiniz gibi gitmeleri gerekmiyordur ve belki o sözde hataların ve başarısızlıkların çok da uzağında olmayan bir yerde sizi bekleyen daha iyi bir şey vardır.

Bir şeyler bitmesi gerekiyorsa bırakın bitsin, kontrol etmeye çalışmayın. Vazgeçmekten, bırakmaktan korkmayın. Hayat size daha iyisini verecekse kontrol ederek, daha kötüsüne katlanarak, hayatın sürprizlerini yok etmeyin. Hayatın akışı içinde gitmeyi öğrenirseniz tam da ihtiyacınız olan yere varırsınız. Burası kaybetmekten korkarak, benliğinizin olmasını düşündüğü yer değil, burası gerçekten korkmadan olmanız gereken yer.

Üretmek ve çalışmak, kişiyi güçlendirir. İnsanı yoran ve tüketen şey boş oturmak ve potansiyelini kullanmamaktır. Yaşarken tükenmemek için her insan bir şeyler üretmeli ve hayata bir katkısı olmalıdır. Her bireyin belli bir potansiyeli vardır. Potansiyelini kullanmayan kişiler, hayatında çok daha fazla mutsuzluk deneyimi yaşarlar ya da acı deneyimler karşısında çok daha fazla çaresizliğe düşerler.

Hayatta başarılı olmanın en büyük sırrı kendinize olan inancınızdadır. Bırakın doğanız ortaya çıksın. Eğer siz siz olursanız sabırla ve istikrarla yürüdüğünüz yolda zaten başarı ve tatmin sizi bulacaktır.

2. BÖLÜM

İlişkileri Yönetme Sanatı

Bir İlişki Nasıl Yürütülür?

Güçlü ilişkilerde çiftler, derin bir anlam duygusu paylaşırlar, birbirlerinin umut ve arzularını desteklerler ve birlikteliklerinde bir amaç duygusu geliştirirler. Onlar daha büyük bir şeye hizmet için bir arada olduklarını bilirler.

Yaşama ve birçok canlıya baktığımızda sevgiye ne kadar güzel tepki verdiklerini görüyoruz. Ben sevginin, iyi davranışın iyileştirici gücüne inanırım. Çocukluğunda cezalandırılmış, kötü davranılmış, cezalarla değiştirilmeye çalışılan kişilerin kendini yeterince geliştiremediğini, kimseye güvenmediğini, kolayca öfkelenen bir yapıda olduğunu biliyoruz. Çok uzun süre hastanelerin psikiyatri servisinde çalıştım; gördüğüm ve inandığım şu ki çok ağır vakalar ya da hiç düzelemez dediğimiz kişilik yapıları bile iyi davranışa ve içten bir sevgiye olumlu tepki veriyor ve olumlu gelişim gösteriyor. Kimseyi kötü davranarak değiştiremezsiniz, geliştiremezsiniz. Bu şekilde dışarıya ve size karşı öfke dolu bir insan ve sizin zincirlerinizden kurtulduğu an patlamaya hazır bir bomba oluşturursunuz. Ama iyilik, sevgi ve inanç en değişmez dediğiniz kişiyi bile değiştirip, iyileştirebilir. O yüzden bir yola baş koyduysanız, hayatınızın merkezinde geliştirmeniz gereken insanlar varsa mutlaka iyi davranışı, iyiliği seçin, inanın bundan daha etkili bir yol daha görmedim.

Sevgi insanı en çok besleyen duygulardandır. Doğduğumuz andan itibaren sevmeye ve sevilmeye ihtiyaç duyuyoruz. Peki neden hepimiz sevgiye bu kadar açken aynı zamanda da bu kadar acı çeken ve üzülen insan var? Neden bir ilişkiyi yürütmek bu denli zor? Çünkü zamanla bozulan ya da baştan bozuk olan dengeler ve bozulan dengelerin kişiyi yanlış inançlarla dolu bir sevgi kavramına sürüklemesi yüzünden. Nasıl mı?

Sizinle ilgilenmeyenle ilgilenmek, kötü davranışlara sessiz kalmak, ilişkide hep bir kaybetme korkusu hissetmek, mutsuz ya da değersiz hissetmeye rağmen ilişkiyi sürdürmekte ısrar etmek; yanlış inançlarla dolu sevgi kalıplarıdır. Çocukluktan itibaren bu sevgi yanlış kalıplarından hepimiz nasibimizi alıyoruz. Ancak önemli olan yetişkin olduğumuzda bu kalıpları kullanıp kullanmama konusunda seçim yapabilme şansımızın olduğunu bilmektir. Bir ilişkiyi yürütebilmek her iki tarafın da çaba göstermesi ile mümkündür.

Peki en basit şekilde ne yapmalı, bu durumu nasıl düzeltmeli?

Dengeyi korumak; tıpkı bir matematik denklemi gibi ilişkiyi 100'e tamamlamak gerekir. Size değer göstermeyen birine aşırı değer vermek ya da sürekli kendinizden bir şeyler feda etmek terazinin dengesini bozar. Unutmayın hayatta her şey bir denge üzerine kurulmuştur. Gerçek sevgi de dengeyi sever. Denge giderse sevgi mutsuzluk ve acı vermeye başlar. Oysa gerçek sevgidir insanlara mutluluk getiren. Aşırı fedakârlık ve egosal bir kendini ispatlama yarışı bir ilişkinin dengeli bir şekilde yürümesinin önündeki engellerdendir.

İlişkilerde zaman geçtikçe, ilişki içinde olduğunuz kişinin olumlu özelliklerinden çok olumsuz özelliklerini daha çok görmeye ve daha rahatsız edici bulmaya başlarsınız. Alışkanlık içerisinde, partnerinizin sahip olduğu güzel özellikleri ya da size hissettirdiği mükemmel duyguları daha az ifade etmeyi seçebilirsiniz. Bunun yerine sürekli eleştiri ve negatif hareketi vurgulama davranışı geliştirebilirsiniz. Tabii bu durum ilişkilerde yıpranmaya ve kişilerin birbirine karşı öfke duymasına yol açar.

Ayrıca sürekli olarak negatif söz ve davranışa maruz kalmak ilişkiye ve partnerinize karşı hissettiğiniz güven ve olumlu hissiyatlarınızı da yavaş yavaş yok eder. Hepimiz karşımızdakinden rahatlatıcı ve teşvik edici sözler bekleriz. Buna ihtiyaç duyarız. İnsanlar her daim onaylanmak isterler, bunu yapmanın ana yollarından biri de bunu karşımızdakine söylemektir. İlişkilerde çiftlerin birbirine güzel sözler söylemesi, onaylamalarını ifade etmesi o ilişkinin mutlu bir şekilde ilerlemesinde çok büyük katkıda bulunur.

Yapılan araştırmalarda 1 olumsuz sözün/davranışın karşımızdaki insanda yarattığı negatif durumu ortadan kaldırmak için 5 olumlu söz söylemenin ve olumlu davranışta bulunmanın gerektiği bulunmuş. Ama eğer kırıcı sözlerin/davranışların dozu artarsa bu 5 olumlu davranış/söz de etkili olmamaya başlıyormuş. O yüzden ilişkilerde partnerinizi eleştiriyorsanız, öfkeli davranıyorsanız devamındaki günlerde 5 olumlu söz söylemeniz ve/veya güzel davranışta bulunmanız gerekir.

İlişkilerde, kişinin kendine ait alanının, uğraşının, çevresinin ve merakının olması, ilişkileri tüketmeden uzun ömürlü kılmanın yollarındandır. Kişilerin kendilerine ait özel alanı kaybetmemesi ve orada aldığı keyif ve mutluluğa devam etmesi, sağlıklı iletişim için çok önemlidir. Yapılan en büyük hatalardan biri hayatının tümünü sadece eş/sevgili aynı zamanda onun çevresi ve uğraşları ile doldurmaktır. Kişisel alanına, zevklerine, işine ve arkadaşlarına ayrılan vakitten vazgeçmemek hem sizi daha değerli hissettirir hem de sadece hayatınızda olan kişiye odaklanmamış olduğunuz için kırılganlık ve kavga düzeyini de azaltır. İlişkilerde yaşam kesişen çemberler gibi olmalıdır, ortak alanınız olduğu kadar, kendinize aitte bir dünya da yaratılmalıdır. Bu dünya sadece ikinizden ibaret olmamalı, dostlarınızla, arkadaşlarınızla ve farklı şeylerle de zenginleşmelidir.

Tercihler, seçimler, kendinizi iyi hissetmek adına atılan adımlar çok önemlidir ama bunun ucu ilişki içinde olduğunuz kişinin haklarını ihlal etmeye gidiyorsa orada durmanız gerekir. İlişkilerde sizi mutsuz eden ya da rahatsız eden durumlar oldu ise burada dur demek en doğal hakkınızdır. Eğer tekrar tekrar affederseniz ve sonucunda bu davranışların hiçbiri değişmezse, o zaman karşınızdaki kişi, bu sürece alışmış ve sizi kırıp gönlünüzü almak onun için çok kolaylaşmış demektir. Kimseyi affedilmeye alıştırmayın, her şeyin bir bedeli olmalı, kendi değerinizi bir tek siz belirlersiniz. Affedin ama aynı yanlışları tekrar tekrar yapma lüksünü kimseye vermeyin.

Her birimiz eşsiz birer kar tanesi gibiyiz. Hepimiz farklı deneyimlerden geçerek olduğumuz ana geldik. Hepimizin geçmişi de farklı ve eşsiz. İlişkiler bu farklılıklar üzerinden yeni bir dünya yaratabildiğimizde sağlıklı ilerler. Partnerinizin sevmediğiniz, beğenmediğiniz bir özelliğini değiştirmek yerine uyumlu olmayı seçin. Bir orkestrayı düşünün. Her bir müzik aleti tasarımcısının elinde işlendi ve özenle hazırlandı. Her birinin çıkardığı ses farklı. Aynı anda çalmaya başladığında ise kulağımıza taşan müziğin coşkusunun altındaki uyum ve ahenk dinletir bize o müziği. Bir ilişki yaratmak da böyledir. Farklı iki insanın bir araya gelmesiyle birlikte iki tarafın da özverili ve özenle verdikleriyle yakalanabilir uyum ve ahenk.

Farklılıklarınızı kabullenin, ortak olan zevklerinize daha da fazla zaman ayırın. Ve aynı takımda aynı amaç için yarışan ama farklı alanlarda iyi olan, ortak hedefler için birlikteliklerinden güç alan iki kişilik bir takım gibi olun, ortak amacınız ve zevklerinize sımsıkı tutunup, farklılıklarınızı avantaja çevirin. Mutlu olun.

Ve hiçbir zaman unutmayın. Farklı iki insan olarak bir araya gelseniz de amacınız ikinizi de aşan daha güzel bir şey yaratmak. Haklı haksız savaşına düşmeden kazananın aşk olduğu bir ilişki yaratmak sizin elinizde.

Yanlış Bir İlişki Yaşadığınızı Nasıl Anlarsınız?

Siz de ilişkilerde kaynaklanan problemler karşısında sürekli kendisine dönüp neyi yanlış yaptım diye soranlardan mısınız? Peki ya oldurmaya çalıştığınız ilişki yanlış bir ilişkiyse ve o insan sizin için doğru insan değilse?

İlişki kurduğumuz insanlarla, yakınlarımızla çatışma, anlaşılmama, yanlış anlaşılma yaşayabilir ya da onların bazı beklenmedik davranışlarıyla karşılaşabiliriz. Bazen beklentilerimiz karşılanmaz, bazen de duygu ve düşüncelerimiz karşımızdaki insana tam olarak geçemez.

Çiftler arasında olan en büyük kavgalar, birbirinin zihniyetini, bakış açısını değiştirmek için yapılır. Başlarda belki de hoşa giden, ilgi çeken farklılıklar zamanla hoşa gitmez olur ve iki taraf da birbirini değiştirmeye çalışırken birbirlerini çok fazla yıpratıp sevgilerini tüketmeye başlarlar. Bu farklılıklar üzerinde kavga ederek, birbirlerini değiştirmeye çalışarak zamanlarını boşa harcamaya ve ilişkiye zarar vermeye başlarlar. Aranızdaki çatışmaya neden olan temel farklılığı anlamanız ve birbirinize ve birbirinizin farklı olabilecek fikir, görüş ve alışkanlıklarına değer verip saygı göstererek, birlikte yaşamayı öğrenmeniz gerekir, ilişkinizde ancak o zaman ortak bir anlam ve amaç duygusu yaratabilirsiniz. Birbirinizi değiştirmeye çalışarak sadece ilişkinizi öldürürsünüz. Bu noktada hiçbir şeyi sorgulamadan kabul edin, her şeyi anlayışla karşılayın demiyorum, sadece değiştirmeye çalışmayın ve saygı duyun. Birbirinizi değiştirmeye çalışarak sadece sahip olduğunuz sevgiyi unutabilirsiniz, egolar ve güç savaşları devreye girer. Bunlar aslında her ilişki için olmazsa olmazdır.

Karşınızdaki kişinin duygularını anlayamamak ya da onun hissettiklerini görmezden gelip, azımsayıp kendi düşünce ve hislerine yönelmek, sadece kendi duygularını önemsemek, bir ilişkide en yıpratıcı durumlardan biridir. Aslında tartışmalara baktığınızda iki taraf da kendini anlatmaya çalışır, kimse birbirini anlamaya çalışmaz ve bu gelgitler büyük öfke doğurur. Kendini anlatmaya çalıştıkça daha da öfkelenir insan, daha da, daha da... Bir süre sonra bu bir yarışa dönüşür, "Kim kendini daha çok anlatacak?" yarışına. Erkeklerin kadınlar kadar duygu ifade gücü olmadığı için erkek kendini anlatmaya çalıştığı tartışmada, kadına göre daha da öfkeli tepki verebilir ya da ortamdan çekip gidebilir. Kadın için duygularını ve düşüncelerini ifade etmek daha fazla önemlidir. Neticede herkes anlaşılmak ister.

Bunlar hemen her ilişkide olan şeyler. Peki ya ruhunuzu, benliğinizi zedeleyen ilişkiler nedir?

Eşiniz, sevgiliniz siz ne kadar kendinizi anlatıyor olursanız olun, ne söylerseniz söyleyin, ne kadar haklı olursanız olun, ne kadar tatlı dille konuşursanız konuşun kesinlikle sizi anlamıyor, her zaman haksız buluyorsa, benliğinizi zamanla zedeleyecek ve çürütecek bir ilişki yaşıyor olabilirsiniz. Bu kişiler ne yapıyorsa yapsın size küfretse de, şiddet de uyguluyor olsa, kötü davranıyorsa da, zayıf noktanızdan vuruyor olsa da, kırıcı şekilde davranıyorsa da onun için o doğrudur ve o anda yapılması gereken odur. O sizin hak ettiğiniz davranışın bu olduğunu düşünür. Çünkü bu kişilik yapıları sizin kim olduğunuza, karakterinize, ne hissettiğinize, ne olmak ya da ne yapmak istediğinize bakmaz. Onlar sizi görmek istedikleri gibi ve size atfettikleri özelliklerle görürler. Onlar tıpkı kendi istedikleri yeni bir siz yaratırlar ve sizi bu insan olmaya zorlarlar.

Bu kişiler narsis ya da antisosyal olarak adlandırılan kişilik özelliklerini barındıran kontrolcü kişiler olabilirler. Bu kişilik yapılarının özünde özgüven azlığı ve yoğun kaybetme korkuları yatar. Kişi yalnız kalma, terk edilme, korku gibi duygularını ilişkide olduğu kişiyi kontrol altında tutmaya çalışarak bastırır. Çünkü karşıdaki kişiyi maniple edemez, kontrol altında tutamaz ve anlayış gösterirse o kişi hayatıyla ilgili kendi başına karar verebilir ve bu durumun sonucunda terk edebilir, yalnız bırakabilir. Bu tip insanlar ilişki içinde oldukları kişiyi görünmez iplerle bağlar gibi maniple edici davranışlara yönelirler ve kontrolü tamamen ele geçirirler.

"Sen kadın olmayı bilseydin ben seni aldatmazdım..." "Beni çok sorgulayarak dışarıya itiyorsun..." "Çalışan kadın erkeksi oluyor, benim hoşuma gitmez..." "Çok fazla arayan kadından soğurum..." "Sen dışarıda nasıl davranacağını bilseydin, arkadaşlarınla çıkmana izin verirdim..." "Beni bu kadar sinirlendirmeseydin sana vurmak zorunda kalmazdım..." Tanıdık geldi mi bu cümleler? Eğer ilişkide olduğunuz insandan bu tip cümleler duyuyorsanız muhtemelen yanlış bir ilişki yaşıyorsunuzdur. Yapılan her davranışının altını kendince mantıklı bir sebebe bağlayan biri için ne yaparsanız yapın hep siz haksızsınızdır. Neredeyse sizi aldatmasının sorumluluğunu bile size yıkabilir bu insanlar.

Böyle bir kişilikle olmanın en büyük zararı, zamanla sizin de bu duruma alışıp, onun manipülasyonlarına inanıp, kişiliğinizden uzaklaşmanızdır. Uzun süre maruz kaldığınız bu davranışlar sonucunda kendinizi değersizlik duygularıyla başa çıkmak zorunda kalmış bir halde bulabilirsiniz. Hatta öyle ki sadece kendinizle ilgili değil, yaşam amaçlarınız, kariyeriniz, hedefleriniz ve hayallerinizin odağını kaybetmekle ilgili sorun yaşamaya da başlarsınız. Her şey sizin için daha bulanıktır. Fotoğrafı netleyemez, neyi istediğinizi, neyi istemediğinizi bilemeyecek bir psikolojik duruma düşersiniz.

Hepimiz sevilmek ve mutlu olmak için ilişki kurar, hayatımıza birilerini alırız. En temel ihtiyacımızdır sevilme ihtiyacıdır. Başlangıçta güzel ve yüksek duygularla başlayan ilişkide zamanla stabil bir dengenin sağlanması muhtemeldir. Ancak bu zaman eğrisine baktığınızda kendinizi daha mutsuz, daha değersiz, daha depresif buluyorsanız ve zihninizde, kalbinizde dinmeyen bir savaş varsa doğru bir ilişki yaşamıyorsunuz demektir.

Peki ne yapacaksınız? Öncelikle sınırı baştan detaylıca çizeceksiniz. Düşündüklerinizin, yaptıklarınızın, kişiliğinizin, ilişkideki kişiyi kaybetme pahasına da olsa arkasında duracaksınız. Yanlış hareketlere bedel ödeteceksiniz, bu intikam değil; gelişim ve eğitim için sınır çizmedir ve gereklidir.

İlişkilerde Karşı Tarafa İsteklerimizi Nasıl Söylemeliyiz?

İlişkilerde istediğinizin
ne olduğunu söyleyin,
ne istemediğinizi değil.

Bazı kişiler, ilişki içinde kendisini anlatmayı, duygularını ifade etmeyi hakkı olarak görmezler. Neden mi? Duygularını ya da düşüncelerini söylerlerse reddedilmekten, yanlış anlaşılmaktan, dinlenilmemekten, karşı tarafı kırmaktan çok fazla korkarlar. Ama bu da kişinin kırılgan yapısını daha da artırır, hem kendisini yeterli ifade edemez, hem de anlaşılmak ister. Anlaşılmak ve ilişki içinde güçlü, saygı duyulan bir birey olarak görülmek için, önce ifade özgürlüğünüzü elinize alın ve lafı dolandırmadan kendinizi, duygu ve düşüncelerinizi ifade edin. Gerektiği yerde sınır koyun, hayır deyin, hoşunuza giden ya da gitmeyen şeyi söyleyin. Korkmayın kimseyi kırmazsınız hatta kendinizi kırılmaktan korursunuz.

Bazen ne söylediğinizden çok nasıl söylediğinizdir sorun yaratan. İletişimin en önemli tarafı konuşurken üslubumuza, seçtiğimiz kelimelere dikkat etmemiz gerektiğidir. İlişkilerinizde sevmediğiniz şeyler hakkında şikâyet etmek yerine, istediğinizi talep etmek problem çözmeye yönelik daha olumlu bir davranıştır. "Sözümü kesmeyi bırak!" yerine "Lütfen ben bitirinceye kadar bekle" veya "Lütfen söyleyeceklerimi sonuna kadar dinle" demek daha yapıcı bir tavırdır. "Hayatımla ilgili nasıl karar vereceğimi söylemekten vazgeç!" demek yerine "Beni sevdiğin ve benim için en iyisini dilediğinden bunu söylediğini biliyorum ama lütfen kendi kararlarımı almama ve dersimi öğrenmeme izin ver" deyin. Bu küçük iletişim tüyoları yani ne istemediğinizden çok ne istediğinizi söylemeniz, ilişkinizi daha sağlıklı hale getirecektir.

İlişkilerde istemek, talep etmek utanılacak bir şey değildir. İhtiyaçlarınızdan bahsetmezseniz bir süre sonra herkesi, hiçbir şeye ihtiyacınız olmadığına inandırırsınız. İçine hapsettiklerinizle beklentileriniz karşılanmayınca da öfke patlamaları yaşayabilirsiniz. Güçlü olmak, çok fazla talepkâr olmamak güzel bir şeydir ama hiçbir şeye ihtiyacınız yok gibi gözükürseniz bir süre sonra yalnızlaşırsınız çünkü her birey ilişki içinde olduğu insandan bir şeyler almak, ona da bir şeyler katmak ister. Bu gönüllü bir alışveriştir. İstemekten, beklentilerinizi güzel bir dille ifade etmekten çekinmeyin. Bu kişinin ruhunu besler, talep edin, isteyin, her zaman güçlüyü oynamayın.

İlişkide Bağlılık mı Bağımlılık mı?

İlişkilerde bağımlı olmaya yatkınsanız bunu mutlaka bir yerlerde karşı tarafa hissettirirsiniz. Bağımlılığın altında yoğun kaybetme korkusu vardır. Zihninizdeki korkular, ilişki içinde birçok yanlış davranışa sebep olarak, korkularınızın gerçekleşmesine sebep olur.

Bağlılık ile bağımlılık birbirinden farklı şeylerdir. Bir ilişkide birini sevebilmek için ona bağlılık hissetmemiz gerekir. Bağlı olma duygusu bağımlılıktan çok farklıdır ve güven duygusuyla oluşur. Güven bir ilişkinin temel yapıtaşıdır. Güven yoksa ortada sevgi de ilişki de yoktur.

Güven duygusunun ilişkide oluşmasını sağlayan en önemli davranış sözler ve davranışların tutarlı olmasıdır yani sözlerin ve davranışların aynı şeyi söyleyip, aynı duyguyu hissettirmesidir. İlişkide karşımızdaki kişiyi belirsizliğe, kuşkuya düşürmemek çok önemlidir. Hiçbir şekilde sevgisini göstermeyen, bir ortaya çıkıp, bir kaybolan birinin "Seni çok seviyorum" demesinin bir anlamı olamayacaktır. Ayrıca ilişki içinde öfkelendiğinde ortalığı yıkan döken, kötü sözler sarf eden, negatif davranışlarda bulunan, hiç sevmemiş ve önemsememiş gibi davranan birine güven duymak elbette çok zordur.

İki kişinin sadece sevgi bağıyla bağlılık hissetmesi, birbirinden eşit ve dengeli beklentilerin olması çok çok önemlidir. Peki ya ilişkiler bağımlılık noktasına ilerlerse; kafanızı sürekli kuruntular ve şüpheler kemiriyorsa? O olmadığı an mutsuzsanız, onun yarattığı hayatı yaşıyorsanız ve onun sınırlarıyla çevrili bir dünyadaysanız?

Bağımlılıklar ve takıntılar ilişkileri bozan dinamiklerdendir, kişinin kendisinden vazgeçmesine, özgürlüğünü bırakmasına neden olur. Bağımlı kişi ilişkiyi sürdürmek için bir müddet sonra kendisi olmaktan vazgeçer. Tavizler verir, aşırı fedakârlıklarda bulunur ve tabiri caizse silik bir karaktere dönüşerek ilişkideki varlığını bu şekilde sürdürür. Çünkü onun tüm davranışlarını kaybetme korkuları yönetir. Karşısındakinin varlığına duyduğu yoğun ihtiyaç, onda kaybetmeye dair yoğun korkular yaratır. Kişi, bağımlı olduğu kişi giderse çok büyük acı yaşayacağını, onsuz bir daha mutlu olamayacağını, yapayalnız kalacağını düşünür. Korkular içinde yaşayan bağımlı kişinin kaderi aldatılmak ya da terk edilmek olur. Çünkü en büyük korkuları yalnız kalmak ve terk edilmek olduğu için ilişki içinde sınır çizemez, ortak çözüm için karşı taraf yanaşmadığında dahi ilişkiden vazgeçemez.

Vazgeçilmeyen taraf ise tüm korkuların farkındadır ve karşısındaki kişinin bu zaafından faydalanarak onu maniple etmeye yönelebilir.

Bağımlılıktan nasıl kurtulurum sorusunu meslek hayatımda çok sık duyarım. Sürekli sevgilisiyle vakit geçirmek ve onu sürekli kontrol etmek isteyenlerin sayısı hiç de az değil. Keyif almaya başladığınız tek şeyi sevgiliniz haline getirirseniz ve diğer arkadaşlarınızla vakit geçirmek yerine sürekli onunla vakit geçirmeye başlarsanız ona bağımlı olma yolunda adım adım ilerliyorsunuz demektir. Ve sevgiliniz yanınızda olmadığında da sürekli onunla olmayı arzuluyor, sürekli sosyal medyada stalklıyor ya da arıyorsanız bir bağımlıya dönüşmüş olabilirsiniz.

Peki bunu neden yaparız?

Sadece bir erkek ya da bir kadın varlığında kendinizi değerli hissetmeniz nedeniyle böyle davranırsınız. Bunun nedeni de ancak hayatınızda biri varken kendinizi tam ve eksiksiz hissedeceğinize yönelik bir yanılsamadır ve bu da değersizlik duygusu ve düşük özgüvenden kaynaklanır. Oysa hepimiz yalnızken de mutlu olmayı öğrenmeliyiz.

Kadınlarda daha yüksek oranlarda seyreden bağımlılık korkusunun altında aldatılma, terk edilme gibi kaygılar yatabilir. Fakat işin tehlikeli kısmı bunu partnerinizin fark etmesidir. Zafınızı fark eden partneriniz sizi daha da bağımlı hale getirmek için bunu aleyhinize de kullanabilir. Oysa asıl olan sizin mutluluğunuzdur, partnerinizin başka biriyle yazışması, flört etmesi değil. Ve siz bu noktada sınır koymayı beceremezseniz onun gözünde de değerinizi kaybedersiniz.

Bağımlılıktan kurtulmanın yolları vardır.

Öncelikle asla yaşamınızı doldurduğunuz sosyal aktivitelerinizden vazgeçmeyin. Partnerinizle çok iyi vakit geçiriyor bile olsanız arkadaşlarınızı ve sosyal çevrenizi ihmal etmeyin.

İşinizi, hobinizi asla ertelemeyin. Mutlu bir ilişki yaşamınızı değerli kılıyor olsa da hayattaki sorumluluklarınızı unutmayın. Sorumluluklarınızın yanı sıra kendinizi iyi hissettirecek aktivitelerden kopmayın.

Öz değerinizi koruyun. Kendinizi değersiz hissettirecek bir davranış gördüğünüzde yalnız kalmamak adına sınır çizmezseniz, itiraz etmezseniz bu gitgide sizin kendilik değerinizin yok olmasına neden olur. Yalnız kalmamak adına ertelediklerimiz sizi daha da değersizleştirir.

Sınırlarınızı koruyun. "Ben bunu kabul etmiyorum..." "Bu beni kötü hissettirdi..." cümlelerini yeri geldiğinde kurabilin.

Bazen sessiz kalmak da gerekir. Ama bunu asla trip olarak yapmayın, kendinizi doğru bir şekilde ifade edip bu sessizliğin sizin için gerekli olduğunu ve size iyi geldiğini söyleyin.

Bağımlılık kendini sevmeme duygusundan kaynaklanır. Kendinizi sevmeyi ihmal etmeyin.

İlişkilerde Asla Yapılmaması Gereken 5 Davranış Nedir?

Bir ilişki pek çok nedenle sona erebilir ve çiftler kendilerine başka bir yol çizmeye karar verebilir. Önemli olan insanca duygulara zarar vermemek ve incitmemektir. İlişkinin bitişinde gösterdiğiniz tavırla insan olursunuz. İnsan tarafınızı her zaman koruyun.

İlişki yürütmek çaba gerektiren bir şeydir. Yeri geldiğinde egolarımızdan uzaklaşmak, yeri geldiğinde tüm ağırlığımızla kendimizi ortaya koyabilmemizi gerektirir. Ancak hepimiz insanız, hata yaparız, bazen kontrolümüzü yitiririz. Sevdiğimiz kişiyi kaybettikten sonra da pişmanlık duyar ve acı çekeriz.

Hepimiz zamanında bu hataları yaptık mı? Tabii ki yaptık. O zaman bundan sonra yapmamak için ve asla yapılmaması gereken 5 davranış nedir bakalım.

İlişkilerde yapılmaması gereken ilk davranış eleştirmektir. Eleştirinin dozu takdirin önüne geçerse öfke ve kendini koruma duyguları gelişir. Negatif söyleminizi kontrol altına almazsanız ilişki dinamikleri bozulur. Herkes mutlu hissetmek ister. İyi hissettirmek bu yüzden önemlidir. Yapılan olumlu davranışlar yerine karşımızdaki insana sürekli eleştiride bulunmak onu hem ilişkiden soğutur hem de mutsuz eder.

İkinci yanlış davranış sürekli konuşmaktır. Özellikle kadınların iletişime daha meraklı oluşu erkekler tarafından yorucu bulunur. Onlar daha az konuşarak sorunları çözme eğilimindedirler. Daha analitik ve detaycı kadın zihni için sessizlik çıldırtıcı olabilir. Ancak bazı durumlarda sessiz kalmak, karşımızdakine alan açmak ya da kendimiz için bu sessizlik alanlarını yaratmak gerekir. Sorunları sürekli tartışarak çözmeye çalışmak yorgun zihinlerin kısırdöngü içinde kalmasına neden olur. Ben buna ilişkiyi havalandırmak diyorum. Kendinize ve partnerinize nefes alacak alanlar bırakın.

Rutinlerin dışına çıkmamak yine sık yapılan hatalardan biridir. Kalıpların içinde yaşamak ilişkiyi monotonlaştırır. Sürekli aynı döngüyü tekrarlamak sıkıcıdır. Farklı şeyler yapmaktan korkmayın, ara sıra rutini bozun. Uzak bir şehrin sokaklarını adımlamak, yeni insanlarla tanışmak, hatta belki de bunu partnerimizden ayrı olarak yapmak ilişkiyi canlandırır.

Birlikte yaşayan çiftler ve evli olanlar için yapılmaması gereken şeylerden biri de cinselliği bir cezalandırma yöntemi olarak kullanmaktır. Bir şeye kırıldığınızda, kızdığınızda cinselliği bir tehdit unsuru olarak kullanmak oldukça tehlikeli bulduğum davranışlar arasında. Siz zaten sevdiğiniz ve sevildiğiniz bir ilişki içindeyseniz sizin için değerli olan bu kısmı mümkün olduğunca sorunlardan uzak tutmaya çalışın. Sorunları çözmek ya da telafi etmek amacıyla cinselliği buna alet etmeyin.

Son olarak kıyaslanmak erkeği de kadını da zorlayan davranışlardandır. Hatta çıldırtan bir noktaya bile getirebilir. Anne, baba, eski sevgili ya da arkadaşlarınızla yapacağınız kıyaslamalar eşinizin, partnerinizin kendini değersiz hissetmesine ve egosunun zedelenmesine yol açar. "Zaten beni bununla kıyaslıyor, ben nasıl kendimi iyi hissedeceğim?" düşüncesine kapılmasına neden olur. Eski sevgilinizle yaşadığınız bir anıyı anlatmak partnerinizin zihninde soru işaretleri yaratır. Hatta kıyaslamak aldatmaya kadar götürebilecek yanlış davranışlardandır.

İlişkilerde Nasıl Sınır Koyabiliriz?

İlişkilerinizde kişisel sınırlarınızı çizebiliyorsanız, artık neye katlanıp katlanmayacağınızı biliyor ve duruma göre hayır diyebiliyorsunuzdur. İşte o zaman kendinizi ortaya koyuyorsunuz demektir.

Kişisel sınırlar, kendi etrafınızda çizdiğiniz hayal ürünü çizgilerdir. Siz izin vermediğiniz sürece, kimse fiziksel veya duygusal olarak bu sınırları geçmemelidir. Saygı, gizlilik, anlayış, nezaket, sevgi, doğruluk, şeref hak ettiğiniz ve sınırını sizin belirleyeceğiniz şeylerden sadece bazılarıdır. İnsanlar çizgiyi aşıp sınırları geçerse kendiniz için ayağa kalkıp "Hayır, buna izin vermem" demeye hakkınız vardır. Tabii illa ki bu cümleyi kullanarak değil, bazen bir bakışla, bazen uzaklaşmakla, bazen telefona geç cevap vererek, bazen hiç cevap vermeyerek, bazen de tamamen o kişinin hayatından giderek...

Sınır meselesini özellikle bizim kültürümüzde yaşanan pek çok sorunlu ilişkinin temelinde yatan nedenlerden biri olarak görürüm. Ne yazık ki yaşadığımız toplum sınır çizme konusunda yeterli içgörüye sahip değildir. Ailemizle, arkadaşımızla, eşimizle dostumuzla aramızdaki bulanık ve sisli alanlar nedeniyle kendi hayatımıza yönelen çeşitli müdahalelere maruz kalabiliriz. Hiç tanımadığımız uzaktan bir akrabamız ya da çok haşır neşir olmadığımız komşumuzu özel hayatımızla ilgili yorum yaparken bulabiliriz.

İlişkilerimizde de sevmek ve sevilmek denince akla sınırların tamamen ortadan kaldırılması gerektiği gelir. Oysa sevmek ve sevilmek için herkesin kendi özel yaşam alanının olması bir engel değildir. İlişkilerde bu sınırların çizilmesi zordur, yanlış anlaşılmalara neden olabilirsiniz. Ancak bu konuda ısrarcı olur ve bunu başarabilirseniz de kendiniz için yarattığınız bir koruma çemberi çizer ve daha az zarar görürsünüz.

Fakat öncelikli olarak bu sınırları çizmek zorundasınız. Neye katlanıp neye katlanamayacağınızı bilmelisiniz. Diğerlerinin size saygı gösterip uymasını beklemeden önce sınırları zihninizde siz belirlemeli ve buna bağlı kalmalısınız. Sınırlarınızın içinde tutarlılığınız arttıkça insanların sizin üzerinizdeki yaptırım gücü azalacaktır. Sınırlarınız ne kadar iyi belirlenmişse, diğer insanlarla ilgili konular artık sizinle değil onlarla ilgili hale gelmeye başlar ve siz de olayları kişiselleştirmeyi bırakırsınız.

Sınırlarınızı çizebilmek için temelde kendinize sevgi ve saygı duymanız gerekir. Siz kendinize saygı ve sevgi duymuyorsanız diğerlerinin duymasını bekleyemezsiniz. Kim olduğunuza dair kafanızda net bir resim oluşturduysanız, sizi rahatsız eden veya etmeyen şeyleri, nelere izin verip vermeyeceğinizi biliyorsanız diğerleri de bunu görecek ve sizi bu halinizle kabul edeceklerdir. Kendinizi bu sınırları çizecek kadar önemli hissedin. Bir kere çizdiğinizde onları koruyacak kadar istikrarlı olun. Kişisel sınırları çizmek, artık diğerlerinden korkmanız gereken bir şey olmadığı anlamına gelir. Biri bu çizgiyi aşarsa "Hayır, bana bu şekilde davranılmasını, benimle bu şekilde konuşulmasını istemiyorum" demek kolaylaşır. Bu çizgileri çizdiğiniz zaman daha güçlü, kararlı ve iradeli olursunuz.

İyi geçinmek için sürekli fikir birliği yapıyor ya da fazla uyumlu ve pasif davranıyorsanız karşınızdaki kişinin gözünde saygınlığınız ve değeriniz azalır. İlişkide sınırlarınız zorlanmaya başlar. Fazla değer veren değersizleşir.

Aynı fikirde olmak, anlaşmazlık çıkmasın diye kendi fikrini söylemekten kaçınmak, sürekli nabza göre şerbet vermek kişiyi ilişkilerin içinde değersizleştiren bir durumdur. Çünkü "Tartışma olmasın..." "Aman düzenim bozulmasın..." ya da "Karşımdaki kişiyi kırmayayım" diye çok fazla dikkat ettikçe karşınızdaki kişinin bir süre sonra algıladığı mesaj şu olur: "Özgüveni yok ve sevilmek için daha fazla şey yapmak zorundayım." Oysa size uymayan bir durum karşısında tavrınızı net olarak sunabilmelisiniz. Çünkü bir süre sonra sizin aynı fikirde olma ve uyumlu davranma çabanız kendi özgün değerinizi hiçe sayarak, sevilmek ve ilişkide kalıp kabul görmek için çok fazla mücadele ettiğinizi gösterir. Yeri geldiği zaman fikirlerinizi söylemekten çekinmeyin, uyumlu olmak adına fazla sessiz kalmayın. Çok fazla uyumlu olursanız ilişkide sınırlarınız aşılabilir, "Daha fazlasına da sessiz kalır" algısını oluşturabilir. Uyum güzeldir ama fazlası zarardır. Çok fazla değer verir ve bunun sonucunda fazla uyumlu olmaya çabalarsanız ilişkide sınırlarınızı koruyamaz hale gelir ve silikleşirsiniz.

İlişkilerde Gizem Nasıl Korunur?

İlişkilerde varlığından ve ne istese yapacağından emin olunan kişinin değeri azalır. Ne yaşanırsa yaşansın her zaman el altında olduğunuz duygusu varlığınızın değerini unutturur.

Karakterden bağımsız olarak, ilişkideki kişiye yüzde yüz güvenmek ilişkilerdeki heyecanı azaltan bir durumdur. İlişkinin her türlüsü biraz da olsa kaybetme korkusuyla şekillenir. "Ben bunu yaparsam gider..." "Bunu söylersem onu kırarım..." "Bu şekilde davranırsam bana eskisi kadar yakın davranmaz..." gibi düşünceleri ilişkinin içinde zaman zaman hissettirebilmek partnerinizin gözündeki değerinizi sağlamlaştırır.

Görmezden geldiğiniz hareket ve davranışlar; bedel ödetmediğiniz saygısız, sevgisiz ve değersiz hissettiren sözler ve hareketler giderek sizin değerinizden götürür. Öyle ki zamanla bu eşik yükselir ve hak etmediğiniz şeylere maruz kalırsınız. Kendi değerinizi yönetemezsiniz, ilişkide yok olursunuz. Siz kendinizi değersiz ve sevgisiz hissettikçe belki de daha fazla ilişkiye tutunmaya çalışıp, giderek kötü hissettiren kişinin üzerine daha da düşmek, daha çok yanında olmaya çalışmak gibi hareketlere girişebilirsiniz. Ama bunun sonucunda kişinin kaybetme korkusu giderek azalacak ve onun gözündeki öneminiz kaybolmaya başlayacaktır. Unutmayın kendi değerinizi bir tek kendiniz belirlersiniz.

Karşınızdaki kişiye yüzde yüz tabi olmak bir süre sonra ilişkinin büyüsünün kaybolmasına ve onun gözünde sıradanlaşmanıza yol açar. Bazen hayır demeyi bilin. Her zaman karşı tarafa teslim olmayın. Koşulsuz teslimiyet, ilişkideki tüm ipleri karşı tarafa vermek sınırlarınızın bulanmasına neden olur.

Sevgilinizle her şeyi paylaşmak, kendinize dair bir özelinizin olmaması ilişkideki merak duygusunu öldürür. Hepimiz karşımızdaki insanı merak ederiz, bu dürtü ilişkiyi canlı tutar. Kendi kişisel özel hayatınızı her zaman açık bir şekilde anlatmayın, bazen her soruya cevap vermeyin ve geçiştirin. Kimse her şeyi detayına kadar bilmek zorunda değil.

Bazen kendinize zaman ayırın ve her zaman müsait konumda bulunmayın. Meşgul olmak karşımızdaki kişinin ilgisini size yöneltmesini sağlar. Her aradığında hazır olmak, o ne istese ona uymak yerine sizin de planlarınız olsun ve siz hayır diyebilin.

Heyecan ve gizemi öldüren bir diğer şey de aynılaşmaktır. Uzun zaman bir arada kalan çiftler gitgide birbirlerine benzerler haliyle. Evliliklerde de iş biraz bu tarafa doğru seyredebilir. Rutin ve alışkanlıklar bir sis perdesi gibi ilişkinin üzerine çöker. Buradaki sorunun çözülmesi için benim önerim ilişkinin başındaki hallerinizi anımsamaktır. Bu ilişkiye başlamadan önce nasıldınız, nelerle ilgileniyordunuz, kendi özel meşguliyetleriniz neydi, bunları bulup çıkarmak bu yapışıklığı çözecektir.

Gizemi korumak ve ilişkideki sıradanlaşmayı kırmanın yollarından biri de beklenmedik sürprizler yapmak ve hediyeler almaktır. Partnerlerin kendilerine yarattıkları özel alan dahilinde zaman zaman ayrı kalmak, özlem ve arzu duyma duyguları yaratarak ilişkiye canlılık getirir. İlişkide geliştirilen bağımlılık gizemi yok eden şeylerin başında gelir. Tamamen karşı tarafa teslim olmak, sınırların yok olması, karşı tarafa tabi olmak bir süre sonra ilişkideki heyecanı yok edecektir. Fazla ilgi, aşırı fedakârlık ve fazla verici olmak parterinizin gözündeki değerinizin yok olmasına neden olur. Kendi sosyal çevrenizin olması, arkadaşlarınızla programlar yapmanız, hobilerinizin olması ilişkinin hava alması adına önemlidir.

Eğer amaç ilişkideki gizemi korumaksa bunu her iki tarafın da istemesi gerekir. Düşünün bir terazinin bir tarafına konulan fazlaca ağırlık dengeyi bozacaktır.

Monoton İlişkiler Nasıl Kurtarılır?

Gurur ve aşk iki çatışan noktadır.
Aslında aşk gururla var olur.
Gurur yaptıkça aşk alevlenir.
Gurur ben, yani ego demektir.

Sadece evlilikler değil yeni başlayan ilişkiler de bir süre sonra monotonluğa mahkûm olabilir. İlk görüşteki heyecan ve tutku hormonal olarak bir dengeye ulaşmamızdan dolayı eski seyrinde olmayabilir. İnsan doğası doyuma ulaştığında heyecanını yitirir. Çünkü artık savaşacak ve kazanılacak bir şey kalmamıştır ortada. Peki monotonluktan nasıl çıkılır?

Eskiler "Aşkta gurur olmaz" derler. Oysa biraz gurur, biraz ego, biraz sınır aşkı alevlendiren, sıcak tutan duygulardır. Beynimizde aşkın oluşumunu sağlayan hormonların en etkililerinden olan dopamin kaygı ile beslenir. Yani kaybetme korkusu/kaygısı, aşkı çoğu zaman alevlendirir. İlişkilerde sınırınızın olması, biraz gurur yapmak, biraz ben demek, aşk duygusunun daha yoğun hissedilmesine sebep olur. Bu duyguyu yoğunlaştırmanın bir başka yolu da artık sizin için normalleşen partnerinizi ilk günkü gözlerinizle seyredebilmektir. Onu ilk gördüğünüz anı anımsayın. Sizi nasıl etkilediğini ve heyecanlandırdığını düşünün, işte o insan hâlâ sizinle. Bu bakış açısı her iki tarafa da sıradanlaşmadan sıyrılıp, her gün yeniden keşfedilmesi gerekenlerin olduğunu hatırlatacaktır.

Yapışık ikiz gibi sürekli yan yana durmak, her şeyi birlikte yapmak körleşmeye neden olur. İlgi çekici özelliklerin eski değerinin kalmamasına, merak edilecek şeylerin yitirilmesine neden olur. Partnerinizi başkalarından dinleyin, sizin göremediğimiz ya da size normal gelen davranışlarının, özelliklerinin kıymeti bir başkasının ağzından çıkınca belki de sizin için anlam kazanacaktır. Artık benim için bir şey yapmıyor dediğiniz insan aslında sizin için öyle değerli şeyler yapıyordur ki siz bunun farkında olmamaya başlamışsınızdır. Güvenebileceğiniz yakın dostlarınızdan ona dair bir şeyler duymak onun değerini size hatırlatmak adına kıymetlidir.

İnsanın kendine ait bağımsız ve mutlu bir hayatının olması, onu diğer kişilerin gözünde daha cazibeli biri yapar. Kendi kendine yetemeyen, hayata karşı bir amacı olmayan kişi, ilişkisinde bir süre sonra partnerinin ilgisini kaybetmeye mahkûmdur. Bir partner için cezp edici olan şey kendi kararını verebilen, kendi işini yaparken başkasının fikrine pek de ihtiyacı olmayan biridir. Sevgi ve ilgi, kendinize ait bir hayat, amaç ve güçlü bir karakter olduğunda gelecektir. Bu aynı zamanda monotonluğu da kıran bir şeydir.

Monotonluğu kıran önemli alanlardan biri de cinselliktir. Birbirinize ne istediğinizi sorun ve açık olun. Yeni deneyimler, güzel sözcükler kullanmak heyecanınızı artırmanın yollarındandır.

Kısa kaçamaklar, rutini bozmak adına ilişkiye renk katar. Her gün yaptığınız planların dışına çıkıp farklı bir yere gitmek, spontane bir şekilde gelişen bir programa kapılmak herkese iyi gelir. Bazen içinde yaşadığımız hayat hepimiz için boğucu hale gelir. Sorumluluklarımız, kariyer hayatımız ve sürekli koşturma içinde kendimizi kafeste sürekli koşan bir hamster gibi hissederiz. Nefes alma alanları yaratacak minik seyahatler planlayın.

Karşımızdakine sarılmak, ona sevdiğimizi söylemek, bazen romantik bir akşam yemeğine çıkmak anın büyüsünü yoğunlaştırır. Partnerinize ilham verin ve o da sizden aldığı ilhamla ilişkiniz için yaratıcı bir sevme sanatının ipuçlarını keşfedecektir.

İlişkilerde Erkeklerin/Kadınların Beklentileri Nelerdir?

Beklentilerin sonu yoktur.
Önemli olan ortak beklentileri
keşfetmek ve uyumla bu
beklentileri karşılayabilmektir.

İlişkilerde çiftler farkında olarak ya da hesaplamadan birçok beklenti içine girerler. Bazen bunları sözlerle bazen de hareketler ile belli ederler. Hemen her ilişkide herkes kendisi için bir şeyler yapılmasını ister. Bu bazen bir sevgi kelimesi bazen de büyük bir sürpriz olabilir. Bu geniş aralıkta ne olursa olsun beklenen şeyin doyuma ulaşması daha sağlıklı ve güvenli bir ilişkinin ortaya çıkmasına olanak sağlar.

İlişkilerde erkekler de kadınlar da belirsizlik yaşamak istemezler. Her şeyin net ve berrak olmasını beklerler. Erkekler kadınlar kadar kendilerini ifade etmekten kaçınsalar da ilişkide aslında onlar da en az kadınlar kadar ne isteyip ne istemediğini bilirler ama bunu sözlerle net olarak söylemezler.

Beklenti konusunda bir fark da erkeklerin her detayı kadınların düşündüğü kadar bilmek istememesidir. Özellikle özel günleri, özel kişisel detayları (regl, ağda günü vs.) bilmekten hoşlanmazlar ve kadınlardan bunları anlatmamalarını beklerler. Kadınlar için saatlerce konuşulabilecek ve detaylandırılacak mevzular erkekler için sıkıcıdır.

Erkeklerin kadınlardan farklı bir diğer beklentisi de kapanan konuların ısıtılıp tekrar gündeme getirilmemesidir. Kadınlar için bu pek mümkün olmayan bir durumdur çünkü kadınlar için hiçbir konu kapanmaz, sadece uygun zamanda tekrar açılmak şartı ile rafa kaldırılır. Erkekler için bu durum son derece can sıkıcı ve rahatsız edicidir. Onlar üç cümleyle durumu ifade edin ve çekilin isterler. O yüzden erkek için makbul olan az sözcükle kendini ifade eden kadındır.

Kadınları şaşırtacak bir diğer beklenti ise aslında erkeklerin karşılarında doğal bir kadın görme istekleridir. Evet, güzel, şık, bakımlı kadınları beğeniyor olsalar bile yanlarında görmek istedikleri kadınlar doğal olmalıdır ve erkekler doğal kadınlara hayrandırlar.

Erkeklerin kadınlardan belki de en büyük beklentisi beraber oldukları kadınların onlara güvenmesidir. Bunu istemekte belki de çok haklılardır çünkü tarihimiz ve kültürümüz "Erkek adam aldatır" algısını yarattığı için erkekler bu damgadan kurtulmak isterler. Erkekler kadınlara güç gösterisinde bulunabilme fırsatı yakalamak isterler. Bırakın market poşetlerini onlar taşısın, kavanoz kapaklarını onlar açsın! Onun sizin gözünüzde güçlü görünmesine izin verin.

Erkekler aslında beraber oldukları kadında bir parça annelerinden izler de görmek isterler. Anneleri gibi karşılıksız, merhametli, şefkat dolu sevilmeyi beklerler. Koşulsuz sevilmek onlar için büyük bir ihtiyaçtır.

Kadınların erkeklerden bekledikleri farklı beklentilerden biri kendilerinde yaptıkları en ufak bir değişimin fark edilmesidir. Çünkü her ne kadar kadınlar biz kendimiz için yapıyoruz deseler de bu çabanın altında partnerlerine güzel görünme arzusu yatar. Beğenildiğini duymak, karşı tarafın arzusunu hissetmek isterler.

Kadınlar maddi ya da manevi her konuda hayatlarındaki erkeğin cömert olmasını beklerler. Sevgide, ilgide, şefkatte cömertlik kadınlar için önemlidir. Kadınlar hayatındaki erkeğin onları özel hissettirmesini arzular ve sıkça neden onu seçtiğini anlamaya yönelik sorular sorarlar: (Neden ben?) Aynı zamanda kadınlar erkeklerin özel günleri atlamamasını ve küçük sürprizlerde bulunmasını çok sık isterler. Bunun için özel bir gün olmasına bile gerek yoktur. Ona nedensiz yollayacağınız bir çiçek bile kendisini özel hissettirecektir.

Erkekler için takdir edilmek çok önemlidir. Çoğumuz ilişkinin ilerleyen süreçlerinde rehavete kapılır ve takdiri unutur, eleştiriye daha çok zaman ayırmaya başlarız. İşte ilişkileri yıpratan asıl bu süreçtir, o yüzden takdir cümlelerini ilişkide sıkça kullanmak özellikle erkeklerde çok etkili olacaktır. Erkek sevdiği kadının gözünde güçlü göründüğünü bilmek ve hissetmek ister. Abartıya kaçmadan sık sık onun başarılı olduğu alanları ona hatırlatın. "Sen şu konuda çok iyisin ve seni bu yüzden çok beğeniyorum" gibi cümlelerle ona yansımalarda bulunmanız aranızdaki bağı da güçlendirir.

Peki ilişkilerde birkaç noktada farklılaşan beklentiler hangi ortak noktada buluşurlar? Samimiyet! Ne kadar güzel ve zarif bir kelime öyle değil mi? Çiftler karşılıklı olarak bu kibarlığı, bu güzelliği birbirlerinden beklerler. Yorgun ve stresli bir günün ardından herkes bir araya geldiğinde her şeyi unutmak ve samimi davranışlar görmeyi arzu eder. Böylece yaşanan tüm olumsuz enerjileri kapı arkasında bırakmak kolaylaşacaktır. Çiftler birbirlerinde negatif bir enerji hissetmek, olumsuz şeyler yaşamak istemezler, bu yüzden samimi ve içten olmak ilişkiler için çok önemlidir. Çiftler aynı zamanda beraber oldukları kişinin onu sevmesini ve bu yüzden beraber olmasını beklerler. Kendilerini tatmin etmek, duygusal boşlukları kapatmada bir araç olarak görülmek kimsenin tahammül edemeyeceği bir durumdur. Bu duyguları hisseden taraf ilişkiden soğuyacaktır çünkü kimse ilişkide kullanılan taraf olmak istemez. Aynı zamanda herkes olduğu gibi kabul edilmeyi bekler. Fedakârlık adı altında değiştirilmek istemez. Çiftler yaşamış oldukları ilişkide kendi özel alanlarının olmasını ve bunun engellenmemesini beklerler. Ortak zevkler, ortak arkadaşlar olsa bile birbirlerinden ayrı zaman geçirebildikleri sosyal alanlar yaratmayı ve bunu da huzurlu bir şekilde geçirebilmeyi isterler. Geçen dakikaların kâbusa dönmesini, sürekli kontrol altında tutulmayı, devamlı sorguya çekilmeyi hangimiz ister?

Kişiler bir ilişki yaşarken önce kendilerinin, sonra etrafındaki hiçbir insanın nasıl dört dörtlük olmadığını biliyorsa partnerinden de dört dörtlük olmasını beklememelidir. Önemli olan bu kusurları ne ölçüde görmezden gelebildiğinizdir. Eğer sizin için bu kusurlar görmezden gelinemeyecek şeylerse bu size zararlı dönüşler yapabilir, dolayısıyla bu ince çizgiye dikkat etmekte fayda var. Kimsenin mükemmel olmadığını, sizin de mükemmel olmadığınızı ve kusurlarınızın olduğunu unutmayın. Eğer bir sosyal bir çevreniz varsa ve gün içinde birçok insanla konuşuyorsanız tıpkı onlarda dikkat etmeniz gerektiği gibi ilişkinizde de kibar olmaya, saygılı olmaya, empati yapmaya, dürüst olmaya dikkat edin çünkü partneriniz sizden bunları bekleyecektir.

Partnerlerin birbirlerinden beklediği bir diğer detay fedakârlıktır. Bazı konularda kendi isteklerinizi onunkiler için göz ardı ediyor olmanız partnerinizin ruhunu okşayacaktır. Şimdi fedakârlıktan kastın ne diye soracaksınız. Bunu gözünüzde büyütmeyin, bu çok küçük bir şey bile olabilir. Örneğin beraber film izlemek için sinemaya gittiğinizde seçeceğiniz filmi ona bırakmak gibi.

İlişkilerde çiftler birbirlerinin sevildiğini sıkça duymak ve hissetmek ister. Bunu her zaman sözlü dile getirmek mi gerekir ya da hediyeler mi almak lazım? Tabii ki hayır. Onu düşündüğünüzü belli eden, size daha önce anlattığı bir şeyi unutmadığınızı göstermek ona olan sevginizi göstermenin sonsuz yollarından biridir.

Kadınlar bunu erkekler kadar yoğun bir şekilde beklemeseler de erkekler bir kadın tarafından kahraman ilan edilmeyi isterler. Size yardım etmesine, derdinizi anlatarak size yardımcı olmasına izin verin, bırakın kendini kahraman gibi hissetsin.

İlişkilerde çiftler birbirlerine güvenmek isterler ve her şeyi paylaşabilmek aynı zamanda. Bir ilişkide güvenmek, önemlidir. Güvenmek, zor zamanında yanında olacağına, kandırmayacağıma, hakkında iyi konuşacağına ve hakkını koruyacağına, sırlarınızın birbirinizde kalacağına ve tabii ki hissedilen duyguların özel olacağına güvenmektir...

Kimse acı tecrübeler yaşamak istemez. Ufak bir tartışmada ince yerinden vurulmak, kinayeler yapmak, eline bir koz geçmiş zafer edasıyla dile getirmek partneriniz için yaşanmaması gereken kötü bir andır ve böyle bir durumda kalmak istemezler. Karşımızdaki insana teslim ettiğimiz zayıf yerlerimiz, ona gösterdiğimiz yaralarımız vardır. Kendimizle ilgili dokunulmamasını, özen gösterdiğimiz yerlerin korunmasını istiyorsak bunu karşımızdakine de yapmamalıyız. Sinirle eski defterleri açmak, başarısızlıkları hatırlatmak, karşımızdakinin özgüvenine saldırmak zayıflıktır. Partnerler kırıldıkları yerlerin toplanması için her zaman hazırdır, sevdiği kişiden duyacağı bir özür onun gönlünde baharlar açmasına yetecektir. Partnerinizden özür dilemekten kaçınmayın ve sizden kırıldığı anlarda özür beklediğini unutmayın. Sen, ben değil, biz olmayı bekler sevdiğiniz.

Gerek yaşanılan kötü bir anın gerekse başına gelmiş bir sıkıntının ortak bir problem gibi görülmesini ister partnerler.

Hayatlarınızda birbirinize yer verin ve birer parça olun. Sorumluluk almak hayatımızın nasıl bir gerekliliği ise ilişkilerde de partnerimize karşı birçok sorumluluğumuz mevcut ve bunlardan kaçmamak gerek.

Ve sadakat...

Sadakat, kişinin öncelikle kendi benliğine sadık olmasını gerektirir. Yaşamdaki değerlerini, ahlak ve namus kavramlarını çok önemli bulan birinin ilişki içinde olduğu kişiyi aldatması, önce kişinin kendi benliğine yaptığı bir sahtekârlık ve ihanettir.

Sadakati içten gelen güçlü bağlılıktır. İçinde aldatmamak, yalan söylememek, samimi olmak gibi pek şeyi barındırır. Peki günümüzde sosyal medya, internet bu kadar yaygın iken, kadın ve erkeğin birbirine ulaşması eskiye göre daha kolayken sadakati korumak ya da sadakat beklemek nasıl mümkün olur?

Sadakat olarak tanımlanan kavrama güvenmek öncelikle karşınızdaki kişinin kendi benliğine olan sadakatine güvenmekle olur. Yani nasıl? Karşınızdaki kişi ve onun yaşamı için hangi değerler vazgeçilmezdir? Bağlılık mı önemli özgürlük mü? Yani seçtiğiniz kişinin değer yargıları, ahlaki değerleri, dürüstlüğü nasıl? Bu kavramları savunup bunları davranışlarında uygulamaz mı? Eğer öyleyse büyük ihtimalle sizi aldatmaktan pek çekinmeyecektir. Ya da bu kavramları savunur ve her davranışıyla bunu kanıtlayıp arkasında durur mu? Bu durumda da sizi aldatmak, kandırmak onun için zor olacaktır. Kısaca size güven telkin ediyor mu etmiyor mu tartmanız doğru yanıtı bulmanızı sağlar.

İlişkilerdeki temel beklentilerden biri de sevilme ihtiyacıdır. Sevme ve sevgiye karşılık verebilme, sahip olduğumuz en önemli yeteneğimizdir. Sevmek ve sevilmek yaşam için vazgeçilmezdir. Pek çok kişi daha öncelerde duydukları acı ve korku yüzünden sevgilerini göstermede güçlük çeker. Yüreklerini başkalarına kapatmış olduklarından, kendilerini boş ve anlamsız hissederler. Sevmekten, sonunun hüsran olmasından korkuyorsanız bu korkunun üzerine gidin, her bir canlıya sevgiyle yaklaşın, siz sevgi verdikçe, sizin gibi sevgi verenlerle karşılaşmaya başlayacaksınız. Çünkü, korkular gerçekleşmek için her zaman pusuda bekler, sizi hataya, yanlış seçimlere, yalnızlığa sürükler. Siz korkmazsanız eğer, gerçek sevgi elbet sizi bulur.

Ruhunuzun çürümesi sevmekten vazgeçtiğinde başlar. Oysa korkunuzdan vazgeçip, sevmeye karar verdiğiniz gün, ruhunuz bir güneş gibi parlar. Umut ve sevgi dolu yüreğinizle ruhunuzu hep besleyin.

Erkekleri-Kadınları Kaçıracak Davranışlar Nelerdir?

Başkalarını değiştirmeye çalışıp,
kendini hiç değiştirmemenin sonu
her zaman hüsrandır.
Başkalarına tuttuğunuz aynada
ara sıra kendinize de bakın.
Sizde değiştirilmesi gereken neler var?

İlişkide karşımızdaki kaçıran şeylerin başında karşı taraftaki kişiyi tamamen değiştirmeye çalışmak ya da size uygun kalıplara sokmak için uğraşmak gelir. Birincisi bir insanı değiştirmek neredeyse imkânsızdır hatta değişse bile bu o anlıktır ve ilişkiyi kurtarma adına yapılan, kendine özsaygısı ve özgüveni daha az olan kişilik yapılarının uygulayacağı bir gerçekliktir. Bu durum anlık olarak kendinden başka biri gibi davrananlarda bir süre sonra ağır patlamalara ya da ilişkiden tamamen kopuşlara neden olur. Hep derler "Sessiz atın tekmesi pek olur" diye. İşte bu değişebilen, sizin buyruklarınızı dinleyen kişiler, tutunacak başka bir durum ya da kişi bulduklarında öyle bir giderler ki kimse onları döndüremez. İlişkilerde yapılması gereken kişilerin birbirinin değişimlerine değil gelişimlerine katkıda bulunmasıdır. Tabii ki burada en çok dikkat edilecek husus kişinin kendi gelişimini kendi sorumluluğunda görmesi ve öyle adım atmasıdır. Baskıyla en yumuşak mizaca sahip birini bile eninde sonunda kaçırtırsınız. İlişkilerde iki kişi de birbirinin değişimine değil gelişimine odaklanmalı ve sorumluluk alması için destek olmalıdır.

Çoğu kişi yaşadığı ilişkilerde karşısındakini eleştirmeye, kendisinin kabul gördüğü hareketleri empoze etmeye ve bu şekilde şartlı sevgi vermeye odaklıdır. İnsan çok nadiren kendini değiştirme ya da geliştirme ihtiyacı duyar, baktığınızda herkes kendinden memnundur ve mutludur. İlişkide sürekli karşı tarafı eleştirmek, kendisindeki eksiklikleri ya da ilişkiye zarar veren noktaları değiştirmek için hiç çaba göstermemek, iletişimi en fazla bozan hatta yok eden davranışlardandır. Oysa ortak nokta için, iki taraf da, adım atmalı, kendilerinin eksik ya da ilişkiye zarar veren sivri noktalarını düzeltmeye çalışmalı ve ılımlı olmalıdır. Tek tarafı düzeltmeye çalışmanın sonu eninde sonunda yıkıcıdır. Diğer taraf çok yumuşak ya da nahif ruhlu olsa bile, bir yerde pes eder. Düşünülenin aksine ilişkide ezilen, hep değişmek için çabalayan kişilerin tepkileri ve patlama noktaları geri döndürülemezdir.

"Ben onu düzelttim, benim sayemde adam oldu" dediğiniz kişi, sizin bu davranışlarınızdan bunalmış, ilk fırsatta kaçacak bir alan arıyor olabilir. Herkes kendini düzeltmekten sorumlu olursa ilişkiler sağlıklı yürür. İlişkinin hüsranla bitmemesi için atılacak adımlarda iki taraf da eşit rol almalı ve eşit katılımda bulunmalıdır.

Kaçıran davranışlardan biri de kendinize yapıştırdığınız değersizlik duygusudur. Kendinize değer vermediğiniz zaman, karşınıza çıkan her kişi bu değersizliği fark edecek ve size ona göre davranacaktır.

Bir insanın kendini sevmesi, benliğine saygı duyması ve kendine değer vermesi, kişinin mutlu olması için çok önemlidir. Çünkü hayatta kendisine değer vererek, değer verilmeyi, kendisine saygı duyarak saygı duyulmayı, kendisini severek sevilmeyi yaşamında sağlar. Peki bizim kendimize davranışımızı, hissiyatımızı insanlar nasıl anlıyor ve ona göre davranıyor?

Daha iletişimin en başında duruşunuzla (ki bu fiziksel duruşu da içerir; dik duruş, uygun göz teması, hafif gülümseme), kendinizden bahsederken kullandığınız kelimelerle (pozitif, ve kendinden emin net sözcükler), sözünüz kesilince gösterdiğiniz tavırla (asla agresif değil, mesela, "İzin verirseniz önce ben sözümü bitireyim" diyerek) kendinize bakış açınızın ilk sinyallerini verirsiniz. Siz bunu yaparsanız diğerleri de bu mesajı görür ve buna göre size yaklaşır. Kendinizle fazla uğraşmak, sürekli geçmişinizi didiklemek depresif duyguları harekete geçirir. Bu da sizi mutsuz bir insan yapar ve kimse mutsuz biriyle ilişki kurmak istemez.

Bencillik de bir ilişki katilidir. Dünya kimsenin etrafında dönmüyor. Sadece kendi beklentilerini tatmin etmeye yönelen biri bir süre sonra yalnız kalmaya mahkûmdur. Sadece kendinden bahsedilmesini bekleyen egosantrik bir kişilik de insanları da iter. Sürekli pohpohlanma ihtiyacı hisseden, karşısındakini sürekli iltifata zorlayan bir eş-sevgili ilişki için yorucu bir durum yaratır. Bırakın iltifat ve güzel sözler kendiliğinden gelsin. Duymadığınızda arıza çıkartmak yerine beklemek belki bir kez hatırlatmak ama bu konuda ısrarcı olmamak kimseyi yormamak adına en iyisidir.

Neden Aldatırız?

Sadakat gri olmaz, ya siyahtır ya da beyaz... Çok sevdiğinizi söylediğiniz birini aldatmanın, birini dolandırmaktan pek bir farkı yoktur. İkisi de bir hata değil, size güvenen birinin kalbini bile bile kırmayı göze aldığınız bir seçimdir.

Aldatma, evliliklerin ve ilişkilerin bitme nedenleri arasında hâlâ birinci sırada yer alıyor. Bir anlık hata olarak tanımlansa ve ilişkiyi kurtarmak adına sunulan bir bahane olsa da aldatmak bir seçimdir. Çiftleri bu seçime sürükleyen çok fazla sebep olabilir ama eninde sonunda bu kimsenin hak etmediği bir seçim oluyor.

En başta aldatma denince neyi anlamalıyızı konuşmak gerekiyor. Aldatmak sadece cinsel olarak başka biriyle yaşanan paylaşımlar mıdır? Yoksa duygusal olarak yakınlaşmak, vakit geçirmek, başkasına daha yoğun ilgi ve alaka duymak da aldatma olarak sayılabilir mi? Bu soruların cevapları herkes için farklıdır.

Hatta artık günümüzde sosyal medya üzerinden gerçekleşen mikro aldatmalar da uzmanlar tarafından ilişkileri bozan bir neden olarak görülüyor. Bu duruma mikro aldatma denmesinin sebebi hâlâ aldatma olup olmadığının bir tartışma konusu olmasındadır; bir kısım insan bunu aldatma kabul ederken bir kısım da aldatma olmadığını savunuyor. Peki nedir bu sosyal medyada gerçekleşen mikro aldatmaların biçimi?

1. Sosyal medyada tanımadığı güzel/yakışıklı kişilerin sayfasını takip etmek ve tüm fotoğraflarını beğenmek.

2. Sevgilisi olduğu halde sosyal medyada başka insanlarla yazışmak, aşk veya cinsellik hakkında espriler yapmak, konuşmak.

3. Sosyal medyadan özel mesajlaşmak, iletişim bilgilerini paylaşmak.

4. Cep telefonundaki kişiler kısmına, aradığında o olduğu belli olmasın diye, kişiyi başka bir isimle kaydetmek.

Bunlar sosyal medyada mikro aldatma sayılan unsurlardan sadece bazıları. Ancak günümüzde oldukça sık yapılan şeyler.

Aldatmanın tanımı değişse de üzerinde durmamız gereken şey aldatmayı neden seçtiğimiz.

Yapılan araştırmalarda aldatmanın genel olarak cinsel ve duygusal yönden tatmin olamayan insanlar tarafından gerçekleştiğidir. Cinsel ve duygusal yönden tatmin olamayan kişi, bu yoksunluğu kapatmak için bir ödül mekanizması kurarak başka insanları hayatına alıp bu ihtiyaçlarını tatmin etmek ister. "Yeterince mutlu değilim, heyecan hissetmiyorum, ilişkim bana yetmiyor" düşünceleri genel olarak ilişkilerde aklımızdan geçer. Bu düşüncelerin çok derinine inildiğinde duygusal olarak hissedilen bu boşlukla baş edebilmek kişiyi zorlayabilir. Evet bazısı için bu baş edilmez olabilir. Çünkü derindeki değersizlik ve özgüven sorunları açığa çıkar. Bu eksik taraflarla baş edebilmenin yolu da bunu aksi yönde hissettiren, sizi daha değerli, daha seksi, daha zeki yapan birinin varlığına sığınmaktır.

Evliliklerde aldatmanın sebepleri çok çeşitli olabilir. Sürekli çatışmanın ve kavganın olduğu, çiftlerin birbirlerini yeterince ifade edemediği, anlamadığı ya da iletişimin kesildiği noktalarda yine aldatma eğilimi baş gösterebilir. Evdeki huzursuzluk, suçlama ve eleştirilerden kaçmak için kişi kendisine kol kanat geren birine hayır diyemez. Evde hissettirilen değersizlik duygusuyla baş edebilmek için bir başkasının yaşamında kendini ispatlama isteği uyanabilir.

"Sen ne işe yararsın ki, kadın mısın sen?" ya da "Kendine erkek mi diyorsun?" tarzında kurulan aşağılama cümleleri kişiyi daha el üstünde tutacağı ilişkilere yönlendirir.

Aldatma her zaman ilişkinin kötü gittiği durumlarda değil bazen her şey iyi gidiyorken de gerçekleşebilir. Farklı insanlarla iletişim kurma ihtiyacı, karşı konulamayan arzu ve istekleri tatmin etmek için aldatabiliriz. Bazen ihtiyaç duyduğumuz şeyi beraber olduğumuz insanda değil de başkalarında aramayı tercih edebiliriz. Bu haz arayışı evrimsel olarak bizi aldatmaya yönlendirebilir.

Peki erkek ve kadın farklı motivasyonlarla mı aldatmayı seçer?

Genel olarak erkekler cinsel yönden, kadınlar da duygusal yönden eksik hissettiği şeyleri tatmin edebilmek için başka insanlara yönelir diyebiliriz.

Elbette toplum ve kültürü de hesaba katmadan olmaz. Erkek için çok sayıda partnerle olmanın bir güç ve başarı göstergesi olması daha çocukluktan itibaren pek çok ailede erkek çocuklarına şartlanan bir şeydir. Sadakatsizlik bir karakter özelliği olarak çocuklara yerleştirilebilir. Kendi anne babası arasındaki ilişkide sadakatsizliği gören bir çocuk bunu kendi yaşamında da uygulayabilir. Önemli olan hem kendimize hem de çocuklarımıza gerçek bir ilişkinin nasıl yaşanması gerektiğini öğretmektir.

İlişkiler bitebilir, herkes kendi yoluna devam edebilir, önemli olan samimiyet ve güven çemberi için beklentileri ifade etmek, uzlaşma sağlanamıyorsa ilişkiyi saygı çerçevesi içinde sonlandırmaktır.

Aldatıldığınızı Nasıl Anlarsınız?

Sevgilinizin ve eşinizin aldattığını nasıl anlarsınız? Şüphe çekici hareketler neler?

Erkekler mi daha çok aldatır kadınlar mı? Bu çok tartışılan sorulardan birisi. Aslında araştırmalara baktığımızda %50-50 gibi bir dağılımdan söz edebiliriz. Peki neden erkeklerin daha çok aldattığını düşünürüz? Çünkü erkekler aldattıklarını saklayamazlar. Kadınlar bu konuda biraz daha yetenekli ve başarılıdırlar.

İlişkilerde ve evliliklerde zaman zaman acaba aldatılıyor muyum diye şüpheye düşebiliriz. Etrafımızdaki arkadaşlarımızdan pek çok aldatılma hikâyesi duymuşuzdur. Bu şüpheyi her zaman doğrulama imkânımız olmasa da bunun bazı ipuçlarını yakalayabiliriz.

Peki aldatıldığınızı nasıl anlarsınız? Şüphe çekici hareketler nelerdir?

1. Eşinizin, partnerinizin size karşı tavırları değiştiyse dikkat! Peki bu değişimden kastımız ne? Bu iyi bir değişim de olabilir kötü bir değişim de... Normalde size çiçek almayan eşiniz, sevgiliniz her gün kucağında koca koca çiçeklerle geliyorsa, abartılı sürprizler ve jestler yapıyorsa bir durun derim.

2. Bir anda imajına taktıysa, giyimine daha özen göstermeye başladıysa, dolabını yenilediyse ve içinde kıpır kıpır bir şeyler seziyorsanız kendisini beğendirmek istediği başka biri olabilir.

3. Normalden daha öfkeliyse, sudan sebeplerden araya mesafe sokmaya çalışıyorsa yine alarm zilleri çalıyor. Kenarda tuttuğu birisiyle daha rahat görüşebilmek için bahaneler yaratıyor olabilir.

4. Eskiye göre sizinle daha az vakit geçirmeye ve dışarıda arkadaşlarıyla programlar yapmaya başladıysa yine dikkat diyorum. Hatta yeni insanlardan bahsediyorsa, bir yandan da sizden uzaklaştıysa, rutin cinselliğiniz azalmaya başladıysa ilgisi başka bir yere kayıyor demektir.

5. Telefonunu masada ters çeviriyorsa, ekranı görmenizi engelliyorsa, sürekli sessizde tutuyorsa, sosyal medya mesajlarını gizliyorsa yine önemli bir işaret elde ettiniz diyebilirim. Elbette hepimizin özel hayatı var. Ama başka kişilerle yazışmak aldatmaktır.

Bazen yukarıda saydığım maddeleri dönem dönem hepimiz yaşayabiliriz. Bunların sadece bir tanesi aldatmanın gerçekleştiğine dair kesin bir hüküm değildir elbette. Bazen yoruluruz, bazen küseriz, bazen uzaklaşırız ve kendi hayatımıza dalıp bunları uygulayabiliriz. Bunların hepsi bir arada, uzun süredir gerçekleşiyorsa aldatmanın söz konusu olduğundan bahsedebiliriz.

Aldatıldım, Onu Nasıl Affedeceğim?

Araştırmalara göre aldatmanın gerçekleştiği ilişkilerin %70'i devam ediyormuş. Epey yüksek bir oran değil mi? Aldatmaya rağmen bazı ilişkiler iyi yönde iyileşirken bazıları da kaçınılmaz olarak bitiyormuş.

Sevgiliniz sizi aldattı ve sonra pişman bir halde size gelip af diledi. Sevginizden vazgeçemiyor ve ondan ayrılmaya da gönlünüz her ne yaşanırsa yaşansın razı da gelmiyor diyelim. Ama bir şekilde olanları silme ve devam etme kararı aldınız. Peki bunun üzerine siz yolunuza nasıl devam edecek, sizi aldatan sevgilinizi hayatınıza nasıl tekrar alacak ve olanları unutabileceksiniz?

En önemli noktalar neler beraberce değerlendirelim.

Öncelikle kendinize sormanız gereken en önemli soru bu ilişkinin neden aldatmaya gittiği olmalıdır. Burada hem kendinizi hem de partnerinizi sorgulamalısınız. Belki eşiniz seks bağımlısıdır? Belki sizden belki de kendisinden sıkılmıştır. Belki sizin ona yeterince değer vermediğinizi düşünüyordur, belki de bir anlık gaflete kapılmıştır. Bunu nedenini iyi belirlemeniz gerekir. Çünkü nedeni belirlenmemiş bu belirsizlik hali ilişkinin üzerinde dönen bir karabulut gibi peşinizi bırakmayacaktır.

İkinci aşama kendinizi suçlamaktan kaçınmanızdır. Bir şekilde hayatınızdaki insanın başka birine yöneliyor olması size

"Neyi eksik ya da yanlış yaptım?" sorusunu sordurabilir. Kendinizi suçlamanız sizi daha da değersiz hissettirir. Suçlu aramayı bir kenara bırakın, özellikle kendinize öfke, pişmanlık ve yetersizlik duygularını yüklemeyin. Kötü şeylerden siz sorumlu değilsiniz her zaman. İlişkide herkesin kendi iradesi doğrultusunda verdiği kararlar vardır ve bu karar size uymuyor ya da sizi kötü hissettiriyorsa bunun suçlusu siz değilsiniz.

Üçüncü aşama ise konuyu bir daha açmamak üzere kapatmaktır. Madem affetmeyi seçtiniz aynı yemeği tekrar tekrar ısıtıp yemeye kalkmaktan da vazgeçmelisiniz. Tek seferde yapacağınız bir konuşma ile nedenlerini, ötesini berisini konuşup konuyu tamamen gündeminizden çıkarın. Yaşanan haksızlığın sürekli hatırlatılması affettiğiniz kişi için oldukça yorucu olacağından onun hayatınızdan gitmesine sebep olabilirsiniz.

Dördüncü aşamada affeden taraf olarak aşırı telafi edici davranışlarda bulunmamalısınız. Örneğin onu kontrol altında tutmak için çok daha fazla zaman geçirmeye zorlayabilirsiniz. Bu yapılmaması gereken abartılı bir davranıştır. Aynı şekilde çok kopuk hale gelerek ayrı ayrı vakit geçirmek de keza öyle... Ya da başka birine yönelmemesi adına aşırı ilgi, alaka ve sevgi gösterisinde bulunmak da... Çünkü bunları yaptığınızda dinamik bozulur, kendinize olan saygınızı da yitirirsiniz.

Diğer bir aşama da güven sınırlarını iyi belirlemektir. Sosyal medyada yaptıklarını bilmek, gün içinde beraber vakit geçirdiği insanlarla ilgili bilgi almak bu sınırları belirlemek adına söylenmelidir. Güvenle sınır inşa etmek adına buna ihtiyaç duyduğunuzu belirtin. Aksi takdirde iyi hissetmediğinizi, en azından sağlam bir bağı tekrar kurana kadar bunu bu şekilde yapmanız gerektiğini ifade edin.

Çok önemli bir nokta daha var. Affettikten sonraki süreçte bir bedel ödetme aşamasını da yaşatmanız gerekir. Kimse vazgeçilmez değildir. Affettiğiniz insana bir gün sizin de gidebileceğinizi hissettirmeniz gereklidir. Hemen hiçbir şey olmamış gibi eski modunuza dönmeyin, bir süre evde yokmuş gibi davranın. Sizi kaybedebileceği korkusunu ona hissettirin ve sizi kazanması için çabalamasına izin verin. Sizi kaybetmenin bir bedelinin olduğunu bilsin. Bir süre yok olun, telefonlarına cevap vermeyin. Unutmayın, asıl olan sizin değerinizdir. Hep dediğim gibi bunun farkında olursanız insanlar da bunu size hissettirir.

Karşımızdaki İnsanı Değiştirebilir miyiz?

Kimse bir başka insanı değiştirme gücüne sahip değildir ama o insanı olduğu gibi severek, ona olan inancınızı göstererek ona kendisini değiştirme gücü verebilirsiniz.

Herkes olduğu gibi kabul edilmek ister öyle değil mi? Kabul edilme, onaylanma ruhun, duyguların ve aklın besinidir. Çoğu kişi kabul göreceği, kendisi olabileceği, kendisi olmayı göze alabileceği bir ilişkiye sahip olmak ister ve onun yanında rahat hissetmeyi arzular. İnsanları kabul eden ve onları oldukları gibi seven ya da beğenen insanlar, diğer insanın davranışını iyi yönde değiştirme konusunda en çok etkiye sahip insanlardır.

Ancak bazen hayatımızdaki insan kendisiyle ilgili hiçbir şeyi değiştirmek istemez. "Ben böyleyim, beni bu şekilde kabul et" tavrı sinir bozucu durumların yaşanmasına neden olur. Hatta bazen o kadar sınırları zorlar ki neredeyse kırılma noktasına taşınır aranızdaki iletişim. Çok sevdiğiniz halde değişmeyen davranışlar karşısında ne yapmak gerekir? Kendinizi mi yoksa ilişkinizi mi feda edeceksiniz?

Bir insanı değiştirmeye çalışmak aranızda başlayacak olan sorunların habercisidir. Karşımızdaki insanın değişip değişmeyeceği yine o insana bağlıdır. Eğer partneriniz değişime açıksa ve hazırsa bu iyidir ama partnerimiz bunun tam zıddı bir tavır sergileyip direnç gösterirse değiştirmeye çalışma çabamız kaos ile son bulacaktır kaçınılmaz olarak. Karşımızdaki kişiyi değişime zorlarsak ve bunu ona dayatırsak asla bir sonuç elde edemeyiz. Aslında yapmamız gereken karşımızdaki insanı olduğu gibi kabul edip onun kusurlarını örtmektir. Yaşadığımız ilişkilerde olduğumuz gibi kalmamız mümkün değil, illa ki değişimler olacaktır ancak bu durum sadece yaşanılan mutlu ilişkiler için geçerlidir. Birey eğer mutsuz bir ilişkinin içindeyse herhangi bir değişim için gereken motivasyona sahip değildir çoğu kez. Karşımızdaki insan ile kurduğumuz iletişim de değişim için etkili olacaktır. Dayatma ya da zorlama ile değil sevginin dilini kullanarak sevdiğinize yaklaşmak dönüşüm için en etkili yoldur.

Eğer değişimi başlatmak için uzlaşma yolunu seçecekseniz diğer insanların nasıl davranmaları gerektiğine dair katı kişisel standartlar oluşturmayı bırakın ve diğer insana kendisi olma hakkı verin ve onu olduğu gibi sevin. Kimse sizin istediğiniz, beğendiğiniz kostümleri giymek zorunda değil. Üstelik o zorla giydirmeye çalıştığınız kostümler bir süre sonra patlayacak, tekrar eski sorunlar gündeme gelecektir. Oysa birini olduğu gibi sevdiğinizde sizi kırmaktan korkacak ve sizin için bu değişimi başlatmak isteyecektir. Bazen görür ve duyarız, evlenmeden önce çok hoyrat olan ve sorumsuz davranıp sorumluluk almayan biri, bu karakterden çıkıp düzgün, sağlam, sorumluluk sahibi birine dönüşebilir. Peki bu nasıl olur? Elbette eşinin ona olan inancı sayesinde! "Eşim bana olan inancını hiç kaybetmedi, hep yanımda oldu ve böylece bir şekilde değişmek zorundaydım, ben de ona karşılığını vermek istedim" diyen çok insana rastladım. Birine inanmak o kadar güç bir duygu ki, o kişi sizi kaybetmemek uğruna değişmek için kendisi çabalar. Tabii ki inandık diye sınırlarımızdan vazgeçmek yok, hepsi bir arada olmalı. Bir insanı değiştirmek istiyorsanız eleştirmekten çok onu olduğu gibi kabul edin, onu sevin, değer verin ve ona inanın. O zaten değişmek için kendisi çabalayacaktır.

Sevgiyi hep bahanelerde, değiştirmeye çalıştığımız ve zorla yonttuğumuz insanlarda aradık değil mi? Belki karşınızdaki kişiyi ne kadar değiştirebildiyseniz, o kadar güçlü ve kazanmış hissettiniz kendinizi. Oysa gerçek sevgi, savaş değil, beklentisiz olmak ve tüm benliğinizle kabullenіştedir. Gerçek sevda, ruhunun tüm derinliklerine kadar şefkat ve anlayışın bütünleşmesidir. Sevginin tutunmakla, sahip olmakla ilgisi yoktur. Sevgide kazanan ya da kaybeden de yoktur, asıl olan sevgi denen o çiçeği küstürmeden büyütebilmektir. Gerçek sevgi, saf ve naziktir; karşındakinin ruhunu kusuruyla, zayıflığıyla, hatalarıyla, nazik bir şekilde, incitmeden, yormadan anlayışla sevmektir. Bencilce sahip olup değiştirmeye çalışmadan, kendisine benzetmeye uğraşmadan, yıpratıp kırmadan, ruhunu, kendisine benzemeyen taraflarını değiştirmeye çalışmadan sarılmaktır. Bütün dünya masum değilken başka bir ruhtaki masumiyeti bulmaktır sevgi. Egolardan, bencillikten arınmış, anlayışla dolu bir yürektir, gerçek sevgi... Anlayış ve şefkat tüm yürekleri ısıtır, sabır ve gelişim sağlar...

Sevgiye gerçekten inanan kusur, bahane aramaz, sevginin bahanesi olmaz.

Hayatıma Almak İstediğim İnsanı Nasıl Tanıyabilirim?

Kullandığımız kelimeler kişiliğimiz hakkında çok az bilgi verir. Özellikle bazı sözler, olumsuz davranışları maskelemek için kullanılır. Dil kolaylıkla yalan söyler, davranışlarsa çoğu zaman dürüsttür. İnsanı tanımanın sırrı sözlerde değil davranışta yatar.

Sözler, betimlemeler, tanımlar bir insanı ne kadar anlatabilir? Herkes kendisini tarif ederken hep iyi taraflarından bahseder, olumsuz özelliklerine gelince etrafından dolanarak kendi gerçekliğiyle yüzleşmekten kaçınır. Birinin kendisi ile ilgili kurduğu cümleler ne kadar kendisidir? İnsan kendisine ne kadar objektif olabilir ya da zalimce eleştirebilir, kusurlarından bahsedebilir? Ya da verilen sözler, vaatler, söylenilen ağdalı kelimeler, "En kötü tarafım insanlara çabuk güvenmek..." "Asla dedikodu yapmam..." "Ben asla aldatmam..." "Yalan söyleyemem..." "Kimseyi yarı yolda bırakmam" gibi cümleler bir insanı tanımlamaya yeter mi?

Elbette yetmez.

Hepimiz zaman zaman yanılgıya düşer, hayal kırıklıkları yaşarız. Hiç beklemediğimiz insanlardan hiç beklemediğimiz şeyler görürüz. Bu hayatın kaçınılmaz gerçeklerinden birisidir çünkü hepimiz her an değişiriz. Heraklitos'un çok sevdiğim bir sözü vardır. "Aynı nehirde iki kere yıkanılmaz" der. Girdiğimiz nehir bile sürekli akışta ve değişiyorken insan denen karmaşık varlık için aynı şeyden bahsetmek neden mümkün olmasın?

Evet hepimiz değişiriz, hiçbirimiz aslında dündeki kendimiz değildir. Duygularımız, düşüncelerimiz sürekli değişir, gelişir ve dönüşür. Sabit fikirlerimiz kırılır, yerine yeni düşünceler ekilir. Ama bir de sabit olan bizim tenimiz gibi üzerimize yapışan kişilik özelliklerimiz ve karakter yapımız vardır. Huyumuz, suyumuz, mizacımız vardır ve bunlar ta çocukluktan itibaren ekilmiş tohumlar gibi yeşererek bizi biz yaparlar.

Bir insanı esas tanımlayan şeyler davranışlarıdır. Birini hayatınıza almadan önce nasıl bir kişilik yapısı olduğu ile ilgili fikir sahibi olmak istiyorsanız kendinize kontrol durakları inşa edebilirsiniz. Öncelikle bakmanız gereken bu insanın dış dünyasındaki insanlara nasıl yaklaştığıdır. Ailesine, eski eşine, çocuklarına, dostuna, sevgilisine, eski sevgilisine, patronuna, çalışanına, yemek yemeye gittiği yerdeki çalışana, sevdiğine, kızdığına, güçlü gördüğü birine, güçsüz gördüğüne, ihtiyacı olana, ihtiyacı olduğunda yardım istediğine, size, size ve size...

İşte insanı tanımlayan şey tüm bu davranışlarının toplamıdır. Çünkü bazen biri tarafından söylenen sözler negatif tarafı kapatmak için fazladan gereksiz bir çaba da olabilir ya da bir hedefe ulaşmak, birini elde etmek için ekstradan tutamayacağı sözler verip, kendini çok iyi de gösterebilir. Maskelerle gezenler vardır unutmayın. O yüzden sözlerin çoğu zaman birer maske olabileceğini aklınızdan çıkarmayın, bir insanı tanımak için söz ve davranışların tutarlı olup olmadığına bakın.

Sokakta, alışverişte, bir restoranda yemek yerken kısaca her an beraber olduğunuzda ince bir gözlemle izleyin. Şeytan ayrıntıda gizlidir derler. Bir kediyi severkenki tavrı, sokaktaki bir evsize yaklaşımı, patronuna karşı tutumu, sorun yaşadığı birinden bahsederken kullandığı kelimeler ve daha pek çok ifade biçimi karşınızdaki insanın tutarlı ve dengeli bir kişiliğe sahip olup olmadığı hakkında size yeterli bilgiyi verecektir. Yeter ki kulaklarınız, gözleriniz ve algınız açık olsun.

Ben sözlere inanmam. Sözlerin davranışlarla olan ahengine ve tutarlılığına inanırım. Ajda Pekkan'ın "Palavra" diye bir şarkısı vardır. Aslında bu şarkının sözleri çok anlamlı ve manidardır. Bazı kişilerden duyduğum "Ama beni çok sevdiğini söylüyordu nasıl bana bunu yapar?" diyen şaşkınlık içeren ifadeler duyarım. Oysaki oradaki duruma bakıldığında zaten o sözleri söylerken davranışlarının sözlerden farklı olduğu aşikârdır. Sevdiğini, âşık olduğunu söylerken, size çok da değer vermediğini, önemsemediğini, belki de aldattığını belli eden her şeyi aslında yaptığı anlaşılıyordur. Ama siz bir sevgi sözcüğüne, söylenen güzel cümlelere, verilen sözlere tutunup, o davranışları belki de hiç görmüyorsunuzdur.

Duyduğunuz sözlerle insanlar hakkında karar vermeyin. Her zaman içinizde bir adım geride tuttuğunuz bir gözlemci bulundurun ve duyduklarınızı tartın. Kimse için erken kararlar vermeyin. Davranışla birlikte şekillenen sözler asıl gerçeğin aynasıdır. Eğer sözlerle tutarsız davranışlar görüyorsanız mutlaka sınır çizin, sınır ve tepkilerinizi sözlerle değil, davranışlarla gösterin. Talep ettiğiniz şeyleri söyleyin, olmazsa davranışsal tepkilerle bunu belli edin. İlişkilerde talep ettiğiniz şeyler davranışlar olsun, sözler değil.

Seni seviyorum deyip size sarılmadan dönüp arkasını uyuyan birinin bedeni mi yoksa kelimeleri mi yalandır? Ağız yalan söyler, beden ise asla.

Neden Yanlış İnsana Âşık Oluruz?

Yanlış insanı ilk görüşte tanıyabilir misiniz? Bu mümkün müdür? Evet mümkündür.

Aşkın gözü kördür derler. Hemen hemen herkesin hayatında yanlış bir insana âşık olma hikâyesi vardır. O büyülü an geldiğinde boyumuzu aşan dalgalara bakmadan o sulara atlamışızdır. Boğulmadan karaya çıksak da epeyce su yutmuşuzdur. Ancak kendimize geldiğimizde anlarız hata yaptığımızı ama iş işten geçmiştir.

Her şeye rağmen, elbette belli sınırlar dahilinde korkmadan yaşanması gerektiğine inananlardanım. Ancak kontrolümüzü yitirmeden o engin denizlere açılabilmenin yolları da vardır.

Yanlış insan kimdir? Yanlış insan sizi üzen, kıran, aldatan, daha genel bir tanımla sizin ilişkiden beklemediğiniz şeyleri size dayatan, kriterlerinize uymayan insan demektir. Belki sizi üzen, değersiz hissettiren, aldatan, yalan söyleyen, fiziksel ya da psikolojik şiddet gösteren birine kapıldınız. Peki neden böyle bir insana âşık oldunuz sizce? Hatta size olan ilgisini, sevgisini daha berrak ve net bir şekilde ifade eden birileri de varken gittiniz yanlış bir ilişkiye teslim oldunuz. Bu sizinle ilgili bir durum mu? İlişkinin ilk bir ayında bunu anlayabilir misiniz?

Bazı noktaları kontrol ederek bir insanın size uymadığını anlamanız mümkündür. İnandığım şeylerden birisi de ilişkinin başlangıcında bu kusurlu davranışların aslında net olarak ortaya konduğudur. Kısaca ilişkinin başlangıcında bir poker masasında oturduğunuzu hayal ederseniz, herkes en başta elindeki kartları gösterir. Önemli kontrol merkezlerinden biri burasıdır. Geçmişimizdeki travmaları, eski ilişkimizde yaşanan sorunları, bugün uğraşılan dertleri, alışkanlıkları her şeyi çıplak olarak sergileriz. Karşı tarafı merakla irdelerken kendimizi de anlatırız. Ancak aşk bu ya işte körlük de burada devreye girer ve biz tüm olumsuz şeyleri geri plana atar, karşımızdakinin cezp edici başka yönlerine odaklanırız. Hatta çoğu zaman bu sıra dışı ve farklı olumsuzluklar bize çekici bile gelir.

Yanlış insanla karşılaştığınızda geliştirdiğiniz ilk yanlış düşünce "Şu huyu kötü ama evlenince düzelir..." "Şu noktada kusuru var ama ben bunu çözerim..." "Çocuk yaparsam düzelir..." gibi yaklaşımlardır. Bu yaklaşımların hiçbiri sorunları çözmediği gibi daha da kötüye gitmesine neden olurlar. Bu yüzden şunu yaparsam, bunu yaparsam düzelir algısını tamamen bırakmalısınız. Bir insanı değiştirmenin nasıl mümkün olamayacağını yukarıdaki bölümlerde anlatmıştım. Eğer koşulsuz sevgiye hazır değilseniz birisini değişime zorlamaktan da vazgeçmelisiniz.

Peki neden yanlış insanı seçeriz?

İnsanın kendisini yetersiz ve değersiz görmesi doğru kişileri seçmesine engel olur. Eğer içsel olarak değersizlik duygusu taşıyorsanız size ancak kötü davranan ya da size yeteri kadar iyi hissettirmeyen insanları hayatınıza alırsınız.

İlişkide olduğunuz kişinin yanlış hareketlerine maruz kaldığınızda, duygularınızı ifade etmekten kaçınırsınız çünkü duygularınızı ifade ettiğinizde onu kaybedeceğinizi düşünürsünüz. Zaten içsel olarak da bu kötü davranışları hak ettiğinizi düşündüğünüzden işler sizin için çözümsüz bir noktaya ilerler. İçsel olarak değersiz hissetmek yanlış kişilerin hayatımıza yerleşmesi demektir özetle.

Peki bu durum aşılabilir mi?

Anne babamızdan aldığımız mesajlar, duyduğumuz sözler değersizlik duygusunun temelini atan şeylerdir. Küçük bir kız çocuğunu hayal edin. Üzerine giydiği elbiseyle annesinin karşısına çıkan bu küçük çocuğun "Elbisem nasıl anne?" sorusuna annesinin verdiği "Çekil şuradan!" yanıtı sizce bu çocukta nasıl duygular uyandıracaktır? Bu basit hareket bile çocuğun zihnine "Ben sevilmeye layık değilim" mesajını yerleştirmeye yetecektir. Bu kız çocuğu büyüdüğünde ve aynı soruyu sevgilisine sorduğunda "Çekil şuradan!" yanıtı aldığında çok da büyük bir tepki göstermeyecektir. Çünkü bu öğrenilmişlik nedeniyle "Ben bunu hak ediyorum" algısındadır hâlâ. Karşısındakinin davranışının yanlış olduğunu düşünse bile bunu ifade edemeyecektir çünkü bu onun için normalleşmiş bir durumdur.

Bu tip kalıpları yıkmak kolay değildir çünkü bunlar herkesin kendi normali olmuştur. Ancak sizi zorlayan, depresyona sokan bir düzeye geldiğinde bir terapistten destek almanız ya da sizi gerçekten tanıyan ve seven insanlardan geri yansıma almanız kendilik değerinizi geliştirmeniz açısından işe yarayacaktır.

Neden Hep Aynı Tipte İnsanları Hayatıma Alıyorum?

Çocukluğunuzda ya da erken aile ilişkilerinizde yaşadığınız, çözülmeden bırakılmış çatışma ve sorunlar şu anki ilişkilerinizde hâlâ varlıklarını sürdürebilir. Bu görünmez hayaletler nereye mi saklanır?

Psikoloji biliminde klasikleşmiş bir kalıp vardır: "Çocukluğunuza inelim..." Bu aslında o kadar doğru bir şeydir ki... Çocuklukta yaşadığınız deneyimler, anne babanızla kurduğunuz ilişki çerçevesi, yaşadığınız travmalar, çatışma ve kavgalarınız ve bunları nasıl anlamlandırdığınız, ayrıca size aktarılan genetik faktörler, nasıl ilişkiler yaşadığınızı, nasıl kişileri tercih ettiğinizi kesinlikle belirler. Diyelim, bir kadın olarak genelde size zarar veren, aldatan ya da değersizleştiren erkekleri seçiyorsunuz. Bunun nedeni geçmişten peşinize taktığınız hayaletler olabilir. Büyük ihtimalle aile ilişkisinde erkek figürü olarak babadan sevgisizliği, ilgisizliği ya da sertliği gördünüz ya da aşırı pasif bir babanız vardı veya babanız çok erken bir dönemde sizi terk etti. Tabii ki aynı durum anne için de geçerli olabilir. Bu durumda hayatımıza aldığımız yeni insanlarda da benzer travmaları bize tekrar tekrar yaşatan kişileri arayıp bulma konusunda pek de zorlanmazsınız.

Bazen de çok iyi bir ailede yetişirsiniz ama yaşadığınız bir tek olayı, o küçük yaşınızda öyle bir anlamlandırırsınız ki o döngü, o değersizlik ve yetersizlik inancı size yapışır. O yüzden çocukluk çatışmalarını çözmek, bilmek ve farkına varmak ilişkilerinizde yaşadığınız benzer döngüleri çözmek adına çok önemlidir.

Hayatınızda çözümleyemediğiniz döngüler başka şekillerde, başka suretlerde karşınıza çıkar. Siz değişmek için adım atmadıkça, benzer kişilerle, benzer problemli deneyimler ve ilişkiler yaşarsınız. Eğer bir şey istediğiniz gibi gitmiyorsa, bu bir başarısızlık demek değildir. Kendinize sorun: "Ben neyi keşfetmek için bu noktadayım?" Bu tecrübeyi bir hayal kırıklığı olarak görürseniz ve neden bunu yaşadığınızı sorgulamazsanız, yaşayacağınız başka ilişkilerde de aynı deneyimleri tekrar tekrar deneyimleyebilirsiniz. Ondan değerli bir sonuç çıkarmadığınız sürece o tecrübe, bir zaman kaybıdır. Çünkü, dönüp dönüp tekrar yapmak zorundasınız. Bu da vaktinizi boşa harcamak demektir. Tekrar tekrar yaşadığınız benzer ilişkiler, tekrarlayan hayal kırıklıkları, tekrarlayan ihanetler, fiziksel ve ruhsal şiddete maruz kalmak, sonu hüsranla biten ilişkiler, beklentinizi hiç karşılamayan erkek ya da kadınlar, karşılıksız sevgiler, yara aldığınız dostluklar, sıklıkla nankörlükle karşılaşmak... Ders almadığınız sürece yaşayacağınız benzer hayal kırıklıklarıdır sadece... Şu andan itibaren, eğer bir şey istediğiniz gibi gitmiyorsa bir seçeneğiniz var; hayal kırıklığına uğrayıp bu olayı bir başarısızlık olarak kayda geçirebilirsiniz veya çabucak toparlanır, değerini ve alınması gereken mesajı keşfedersiniz ve bundan faydalanabilirsiniz...

Haydi şimdi çocukluğunuza inelim. Kendinizi en mutsuz ve mutlu hissettiğiniz anı hatırlatmaya çalışın. Ne hatırlıyorsunuz? Ne hissediyorsunuz? O hissettikleriniz şimdi hangi yaşadığınız şeyle ve hislerinizle örtüşüyor? Boşluklarınızı neyle ya da kiminle dolduruyorsunuz? Acaba geçmişteki kendinize dönüp bakmak için benzer acı dolu deneyimleri tekrar tekrar üzerinize mi çekiyorsunuz? Kendinizi mağdur ya da kurban psikolojisine sokmaktaki amacınız geçmişteki travmalarınızı tekrar tekrar bir film izlemek gibi kendinize hatırlatmak ve aynı duyguları uyandırmak için olabilir mi? Bunları fark ettiğinizde yaşadığınız çatışmaları çözme ve bazı şeyleri kırma konusunda büyük bir farkındalık elde edeceksiniz. Bu farkındalık kalıplarınızı kırmada, doğru sandığınız yanlışları görmenizde işinize yarayacaktır.

Unutmayın, insan en zor olan insanın kendiyle yüzleşmesi ve doğru sandığı yanlış kalıpları kırmasıdır. Bakış açınızı değiştirmeye zorlayın. Yenilik ve dönüşüm burada gizlidir.

Neden Ulaşamadığım Kişiye Âşık Olurum?

Aşk, hep en güçsüz olduğunuz noktadan vurur, çünkü insan en zayıf noktasından vurulur sevdaya.

Aşk, iki yalnızlığın birbirini selamlaması, birbirine dokunmasıdır. Aşk ve sevgi duygusu, insanın kaç yaşında olduğundan ve tecrübelerinden bağımsız olarak, hemen herkesi aynı düzeyde etkiler. Aşk, binlerce şekilde, bir göz temasıyla, bir bakışla, bir fısıltıyla, bir gülücükle, bir hareketle başlayabilir. Okşamalarla, öpücüklerle, belki çatılmış kaşlarla ve kavgalarla devam eder. Sessizlikle, üzüntüyle, düş kırıklığıyla, öfkeyle, gözyaşıyla, hatta belki bazen sevinç ve kahkaha ile sona erer. Saatler veya günler sürebilir. Ya da yıllara dayanır ve ölüme dek sürebilir. Bazen aradığımız, bazen ise bizi bulan bir şeydir. Kurtuluşumuz veya yıkımımız olabilir. Her şeye rağmen varlığı bizi güçlendirir.

Hemen hemen her insan, âşık olduğu kişinin onu terk edeceğinden korkar, aynı bir çocuğun annesinin ya da babasının onu terk edeceğinden korkması gibi. Tecrübe, ilişkiyi ve iletişimi daha kaliteli hale getirmek için kullanılabilir ama yine de aşk konusunda çoğu zaman en sevdiğini kaybetmekten korkan küçük bir çocuğuz.

Kaç yaşında olursak olalım aşk konusunda hep korunmasız ve savunmasız hissederiz kendimizi.

Aşk, duygu ve hormonların en güçlü bileşimidir. Birine bağlı olmak ve bu bağlılığa eşlik eden kaybetme korkusu zayıf noktalarımızdandır. Çünkü her insan, bir kişiye en güçsüz yanıyla teslim olmak ister. Tamamen savunmasız halde kendini bırakmak ister. İşte gerçek aşkta, koruma kalkanları, o güçlü savunmalar yoktur. O yüzdendir ki aşkta hesap, plan yoktur.

Çevrenizde kendisini değersizleştiren ilişkilere tutunmaya devam eden, ulaşılmaz ya da zor kişiliklere tutkuyla bağlanan, onları düzeltmek adına devamlı çabalayan birileri var mı? Ya da bu tanımlar size mi uyuyor?

Peki neden? Neden bir insan ulaşılmazı, değer vermeyeni, belirsizi ister ya da âşık olur?

Bunun öncelikle fiziksel ve hormonsal bir açıklaması var; böyle kişiler sizin âşık olmanızı sağlayacak tüm hormonları tam randımanlı olarak çalıştırır. Siz "Ha şimdi elde ediyorum, elde edeceğim" derken, bir bakarsınız, hem hiçbir şey elde edememiş hem de o kişiye delicesine tutulmuşsunuzdur. Ama elinize geçen şey sadece koca bir hiçliktir.

Ulaşılamayanın peşinde koşmanızın ikinci sebebi ise özünüzde bir yerlerde kendinizi değersiz hissetmeniz ve bu duyguyu size her hatırlatan kişinin, hayatınıza bir şekilde girmesiyle, üzgün ve yıpratıcı bir şekilde tekrarlayan deneyimlerinizden biri haline gelmesidir. Güzel şeyleri hak etmediğinize dair yanlış bir algı geliştirmiş olabilirsiniz. Bu algıyla o kişiyi elde etmeye çalışırken daha da çok âşık olursunuz. Aslında peşinde koştuğunuz şey o kişinin sizi değerli hissettirme duygusudur, o değildir.

Peki bunu fark ettiğiniz, şimdi ne yapacaksınız? Duygularınızdan sıyrılarak mantıklı bir şekilde davranışlarınızı ve düşüncelerinizi kontrol altına almaya çalışın. Olayı bir savaşa çevirmeyin, hırsınızın kurbanı olmayın. Sizi kötü hissettiren her ne varsa, her kim varsa ondan uzak durun. Size iyi hissettiren insanlarla yakınlaşın.

Saçımı Süpürge Ettim Ama Neden Yaranamadım?

Aşırı fedakâr ve sürekli veren taraf olmanızın en büyük sebebi korkmanızdır, olduğunuz gibi sevilmemekten, yalnız kalmaktan, kaybetmekten ve terk edilmekten korkmanızdır.

Fedakârlık nedir? Bu kelimeyi eski Türk filmlerinde sık sık duyarız ya da fedakârlık hikâyelerine şahit oluruz. İlişkide saçını süpürge edenler bugün de az değil.

Fedakâr insan, kendisinden çok başkalarını düşünen, başkaları için kendi isteklerinden, hedeflerinden vazgeçip, sonucunda kendine hiçbir şey kalmayan insan demektir aslında. Aşırı fedakârlık yapan insanın tek derdi o kişiyi hayatında tutmaktır ancak kendinden verdiği ödünler, gelecek günlerde yaşayacağı pişmanlıklar, kırgınlıklar ne olacak? Fedakârlık beklentiyi artırır ve karşılanmayan beklentiler de kişinin daha fazla mutsuz olmasına, tükenmesine sebep olur. Bir yerden sonra ne yapsanız yetinemez hale getirirsiniz ilişkide olduğunuz insanı. Yani ağzınızla kuş tutsanız yaranamazsınız.

Fedakârlık yani fazla verici olmak birçok kişinin düşündüğü gibi sevginin bir göstergesi değildir. Aksi olsaydı zaten fedakârlık yapan insanın kendisini üzgün ya da bıkkın değil mutlu hissetmesi gerekirdi. Oysa çok büyük fedakârlıklar yapan kişiler zamanla kendilerini tükenmiş, mutsuz, kendi istekleri ve hayatından vazgeçmiş ve bıkkın hissederler.

Peki neden bir insan fedakâr olmayı tercih eder? Fedakârlık bir tercih mi? Aslında öyle, istemeden yapılan bir tercihtir fedakârlık. Kişinin kendinden, kendi önceliklerinden vazgeçmesidir.

Küçük bir çocukken annesinin istediğini yapmadığı zaman, annesinin sevgisini alamayan bir çocuğu hayal edin. "Ali çabuk odanı topla" diyen annesine "Anne şimdi değil" dediğinde karşılığında küsen ve çocuk barışmaya geldiğinde de ona somurtan bir anne düşünün. Şimdi çocuk ne öğrendi? Sevgi beslediği insanların isteklerini yapmazsa onların sevgisini kaybedebilir, yalnız kalabilir, terk edilebilir kalıbı zihnine yerleşti. Yani o sevdiklerine asla hayır dememeli, isteklerini yapmalı, kendi isteklerinden çok başkalarını düşünmeli yoksa ağır bir bedel ödeyebilir. Bu çocuk yetişkin bir birey olduğunda, mutsuz olsa dahi insanlara karşı sürekli fedakârlık yapacak, sürekli verici davranacak, çok sevdiğinden değil kaybetmekten çok korktuğundan hep taviz verecektir. Onda "Fedakârlık yapmazsam insanları kaybederim" kodu hep aktif bir şekilde çalışacak.

Yapılan fedakârlıklar, zamanla karşı taraf için normalleşir ve "zaten yapmanız gereken" şeyler olarak görülür. Hatta yapmadığınızda tepki çeker, sürekli bunu yapmanız beklenen bir insan haline gelirsiniz. Çok fazla ve karşılık beklemeden yaptığınız her şeyin değeri azalır. Fedakârlığın özünde, kendinden çok başkalarına değer vermek vardır. Fedakâr insan, sevilmek için, çok fazla şey feda etmesi gerektiğini düşünür. Fedakârlık, başkaları için yaptıklarınız değil, kendiniz için yapamadıklarınızdır aslında. Kendi kumbaranızdan harcadığınız bozukluklardır.

Ben fedakârlık yapmak yerine özverili olmanın daha sağlıklı olduğuna inanırım. Yani verebileceğin kadar vermek, kendi hakkını korumak, artakalanı ise gerçekten rutine bağlamadan, gönülden gelerek sağlamak ama sınırlarını, verdiklerinin ve aldıklarının kıymetini bilerek ince işçilikle çalışmak... Değerli hissetmek için, mutlu olmak için, ileride pişman olmamak, "Saçımı süpürge ettim yine de yaranamadım" dememek için, fedakâr olmayın, özverili olun. Verdiklerinizi rutine bağlamayın, biraz da karşılık bekleyin, bu karşılığın gelmesi için karşınızdakine alan açın, gelmezse vermeyin, sınır çizmeyi bilin, verdiğiniz kadar almayı da bilin. İstemekten korkmayın, almadan hep verirseniz değersizleşirsiniz.

Fedakârlığınızın ve çok verici olmanızın nedenlerinin farkına varın, sevgide dengeli bir alışveriş vardır, bu denge bozulursa dengeyi davranışlarınızla tutturmak sizin görevinizdir.

Bu dünyada sizden başka bir siz yok ve bir hayatınız var, kendinizin kıymetini bilin ve kendinizden çok başkaları için yaşamayın.

Geçmiş Korkular İlişkileri Neden Bitiriyor?

Geçmişinde fazla incitilmiş, cesaretini kaybetmiş, hâlâ geçmişinin esaretinde yaşayan birçok insan, geleceğe umutla bakamıyor. Ama geçmişten kurtulmanın tek bir yolu var, kötü deneyimlerle dolu bir geçmişten muhteşem bir gelecek yaratmak.

Çocukluğunuzu, dünyayı algılamaya başladığınız ilk yıllarınızı düşünün. Hayatınızdaki en önemli kişiler size nasıl davranıyordu? Ebeveynleriniz size sevildiğinizi hissettirdi mi? Sizi her koşulda desteklediler ve onayladılar mı? Ya da yaptığınız hiçbir şeyin yeteri kadar iyi olmadığını söyleyen bir ailede mi yetiştiniz? Kardeşleriniz var mıydı? Kardeşlerinizle kıyaslandınız mı? Öğretmenleriniz ya da arkadaşlarınız size nasıl hissettirdi? Dışlanmış veya yanlış anlaşılmış mı hissettiniz? Hep yalnız mı bırakıldınız? Sizi olduğunuz haliyle kabul eden arkadaşlarınız var mıydı? Fiziksel özelliklerinizden dolayı alay konusu oldunuz mu?

Çocukken hayatımızdaki önemli kişiler ne söylerse inanırız çünkü küçükken duygusal olarak yeteri kadar olgun değilizdir ve kendi benlik imajımızla ilgili yeteri kadar fikrimiz yoktur. Bizim için nasıl etiketler kullanıldıysa, ne söylenildi ise sorgulamadan onlara inanır, yaşamımızı şekillendirecek düşüncelerimizi bu söylemlere göre hayatlarımıza adapte ederiz. Doğru veya yanlış, adil ya da değil yaşamımızın temelindeki inançlar bu şekilde kurulur. Eğer ailenizdeki önemli figürler size başarılı, zeki ve değerli olduğunuzu söyledilerse ve davranışlarıyla bunu hissettirdilerse onlara inanırsınız. Bunun yerine birileri sürekli size başarısız ya da çirkin olduğunuzu veya çok da değerli olmadığınızı söyledilerse sorgulamadan yine tüm bu etiketleri alır ve benliğinize yapıştırırsınız.

Güzel olan şey, yetiştirilme tarzınız, inanç ve düşünce yapınız ne olursa olsun eğer bunların farkında olur ve değiştirmek isterseniz, şu andaki hayat kalitenizi, sahip olduklarınızı, benliğinizi etkilemesine izin vermemeniz ve yeni bir ben yaratabilmenizdir. Hatta yetiştirilme tarzınızı bir kamçılayıcı, bir ateşleyici ya da bir motivasyon aracı olarak kullanabilirsiniz.

Geçmiş, ne olursa olsun geçmişte kaldı. Çoktan geçip gitmiş bir şeyi değiştirmek mümkün değildir. "Geçmişte ne güzel günlerim vardı" diye hayıflanmak ya da "Ben hep şanssız bir çocukluk geçirdim..." "Yaşam bana acımasız davrandı..." diye kendinize acımak, andan alacağınız keyfi engeller. Dikkatinizi bugüne vermelisiniz. Yaşananların üzerinde durmanın cazibesine karşı koymak zordur fakat hayatınızda başarılı ve mutlu olmak istiyorsanız şu anda, sizin için vücut bulan hayatın gerçeklerine odaklanmalısınız. Mükemmel veya berbat olduğu için geçmişe takılma ilginiz olabilir. Her iki durumda da onu geride bırakmanız gerek çünkü sadece şimdiki anda yaşayabilirsiniz. Sadece şimdiki anda yaşayarak gelişebilirsiniz aksi durumda geçmişe ait düşünceler gelişiminizi durdurur.

Yaşadığınız her deneyimin size ne kattığını görün. Mücadelelerinizin sizi bıkkın ve mutsuz biri değil, daha güçlü yapmasına izin verin. Yaralarınızı bilgeliğe ve zorluklarınızı fırsata dönüştürün.

İhtiyacınız olan zamanlarda yardım etmeyenler sayesinde her işinizi kendinizin yapmanızın önemini; size sevgi göstermeyenlerden önce kendinizi sevmenin kıymetini; geçmiş hatalarınızdan ve başarısızlıklardan nasıl davranmamanız ve neleri yapmamanız gerektiğini öğrendiniz. Onlar sayesinde neyin işe yarayıp neyin yaramadığını artık biliyorsunuz. Sağlam adımlarla ilerlemenize yardımcı olacak bir rehber oluşturduğunuzu düşünün. İyisiyle kötüsüyle bu rehberde sizin imzanız var. Güzellikler kadar hatalar da sizi büyütüp güçlendirdi. Hayatı olduğu gibi takdir ettiğiniz anda, hayat da sizi olduğunuz gibi takdir etmeye başlayacaktır. Yaşadığınız her deneyim bu rehbere eklenmiş eşsiz bir bilgelik katar size. Bu eşsiz deneyimleri yaşarken doğru yerlere bakmayı bilin. Öğrenmediğiniz her ders, her sınav siz doğru yere bakmadığınız sürece tekrarlanır unutmayın.

Bugün yaşadığımız her iyi şeyin ve her kötü şeyin kökleri geçmişimizdedir. Çocukken duyduklarımız, inandırıldıklarımızla geliştik ve büyüdük her birimiz. Tüm bunlar görünmeyen bir hayalet gibi her ilişkimizde hemen yanı başımızda dikilip durdular. Yetişkinlikte bunların gölgesinde yeşerttiğimiz her ilişkiye çocukluğumuzdan bir şeyler eklendi. Aldatılma, terk edilme, değersiz hissetme gibi durumlar yeniye olan inancımızı köreltti, insanlardan soğuttu, belki de elimizi ayağımızı çekmek durumunda bıraktı.

Geçmişinde travma ve acı dolu deneyimler yaşayanların yeni başlangıçlarda da kaygılı ve korku içinde olması oldukça sık karşılaştığım bir şey. Geçmişin bulutlarının sürekli tepenizde döndüğünü görmek güzel ve yeni olanı gölgeler. Yine her şey kötü olacak, yine terk edileceğim ya da bu da beni sevmeyecek düşünceleri ilişkide kendinizi ortaya koymanızı engeller. Bu kaygılar karşı tarafa da direkt sirayet eder. Sizin özgüvensiz, isteksiz ya da ilgisiz olduğunuzu düşündürebilir.

Yaşam, herkesin başına kötü olaylar getirebilir, getirecektir de... Bu olaylar olmadan kişiler gelişemez ve olgunlaşamaz.

Buradaki en doğru davranış yaşanan her olayda ders aramaktır. Her şeyin sizi nasıl daha güçlü biri yapacağını araştırırsanız hiçbir deneyiminiz ziyan olmayacaktır.

Her sabah uyanışınız, hayata taze bir başlangıçtır. Bunu istediğiniz şekilde değerlendirebilir; boş bir günün üzerine istediğinizi işleyebilirsiniz. Geçmişi şu anda yaşadığınızdan farklı bir ev gibi görmeye çalışın. Oraya gidebilirsiniz, ancak artık orada yaşamıyorsunuz. Orayı ziyaret edebilirsiniz ama artık orası eviniz değil. Sizin yaşadığınız ev şimdiki zamandadır, şu andadır. Yaşadığınız anın her bir saniyesi değerlidir. Bu değerli zamanın bir damlasını bile o eski evde harcayarak heba etmeyin. Geriye bakmakla oyalanıp şu anda olanları kaçırmayın. Yoksa ilerde de geriye bakıp bu günleri neden böyle boşa harcadığınızı düşünüp durursunuz. Zaman geri döndürülmez şekilde hızla akıp gidiyor. Geçmişinize yoğunlaştığınız her an bugününüzden çalıyor.

Eski Sevgilimi Nasıl Unuturum?

Unutmayı unutun. Unutmak diye bir şey yoktur. Adapte olmak vardır.

Aşk acısı takıntılı bir durumdur. Aşk ve takıntı aynı hormonlardan beslenir. Belki de artık sizin için bitmesi gereken bir ilişkiydi ama yine de içinizin acısı bir türlü dinmiyor.

Ne yapacaksınız?

İlk olarak ayrıldığınız insanı sosyal medyadan takip etmeyeceksiniz. Stalklamak denen bir tabir girdi hayatımıza ve bu durum ne yazık ki ayrılsanız dahi o insanın bir şekilde gözünüzün önünden gitmesine izin vermiyor. Yeni takibe alınan insanları görmek, başka birinin fotoğraflarını beğendiğini görmek, yeni eklediği insanları incelemek sizin o insandan zihinsel olarak kopamamanıza neden olur ve bu sizin için takıntılı bir uğraş halini alır. Siz bunları gördükçe acaba eklediği insan kim, neden fotoğrafını beğendi, o kadınla ya da o erkekle yazışıyor mu diye düşündükçe eski sevgilinizi de daha çok düşünmeye başlarsınız. Zihninizde her şeyi tekrarlayıp durursunuz. O insanla yaşadığınız her anı düşünmek, söylediklerini zihninizin içinde döndürmek bir kısırdöngüye dönüşür. İlk başta bu alışkanlığı bir kenara bırakmak elbette pek de kolay olmayacaktır ama kendinize bunu bir kural olarak benimsemeniz kurduğunuz takıntılı bağın çözülmesine yardımcı olacaktır.

İkinci aşama ayrılığı anlamlandırmaktır. Sizden ayrılan sevgilinizin gidişini kendinizle ilgili bir eksikliğe bağlamaktan sakının. "Ben nasıl terk edilirim?" düşüncesi sizi bir kişilik krizine sürükleyeceğinden bu durumun öfke ve mutsuzluk yaratması kaçınılmaz olacaktır. Böyle bir savaşın içine girdiğinizde bunun egosal bir çalkantı olduğunun, yaşadıklarınızı bir saldırı olarak algıladığınızın bilincinde olun. Olanlar bir saldırı değil, kimse sizin kimliğinizi tehdit etmiyor. Sadece olması gereken oldu, belki de ve ilişkiniz bitti. Bunun sorumlusunu aramaktan vazgeçin. Kendinize ya da o insana yönelik ağır suçlamalarda bulunmayın. Biten ilişkinizin ardından yas tutmak, üzülmek, ağlamak içinizden geliyor olabilir. Ancak yapacağınız başka şeyler de var. Hayatınıza katacağınız yeni insanlar, gelişmeniz için yaşamanız gereken başka başka hikâyeler. Ayrılığı anlamlandırmanız bu süreçte sağlıklı bir şekilde yol almanıza yardımcı olacaktır.

Üçüncü adım bu ilişkinin size neler getirdiğini ve sizden neler götürdüğünü yazarak çıkarmak olsun. Bu insan size neler kazandırdı neler kaybettirdi bir yere yazın ve net tabloyu görmeye çalışın. İlişkinin başlangıcından bugününüze gelene kadar hayatınıza kattıklarının ya da kaybettirdiklerinin bir raporunu çıkarın. Belki de gereksiz bir ayrıntıya takılı kaldınız ve büyük resmi göremeyecek kadar körleştiniz. İşte tam da bu anlarda gelir bir his ve içinize yerleşir. "Aslında o kadar da mutlu değildim..." ya da "Beni düşündüğüm kadar değerli hissettirmemiş hiç" cümleleri dökülüverir dudaklarınızdan. Samimi ve doğru bir değerlendirme yapın ama sakın kendinize haksızlık etmeyin.

İlişkilerde daha çok beraber olduğumuz insanları hayatımızın merkezine alma ve geri kalan her şeyi onun çevresine örme eğiliminde oluruz. Şimdi o merkezdeki insan gitti. Peki onu merkeze koymadan önceki hayatınızda neler yapıyordunuz? Hâlâ görüşmekte olduğunuz arkadaşlarınızla görüşün, ihmal ettikleriniz varsa onlara daha çok zaman ayırın. Kendinizi eve kilitlemektense sosyalleşmeyi tercih edin. Programlar yapın ve size değer verenlerle vakit geçirin.

Son olarak en büyük hata sürekli mutsuzluk semptomları göstermektir. Her şeyden elinizi ayağınızı çektiyseniz, battaniyenin altından çıkmıyorsanız, sürekli uyumayı ya da evde oturmayı tercih ediyorsanız yanlış yoldasınız. Bu sizin mutsuzluğunuzu daha da perçinlemekten başka bir işe yaramaz. Bunun tersine mutluymuş gibi davranın. Duygularınızın esiri olmayın, davranışlarınızı kontrol ederek davranışlarınızın duygularınızı oluşturmasını sağlayın.

Bunları denemek için kendinize 63 gün verin. Neden 63 gün? Bir insanın alışkanlık edinmesi için gereken zaman 21 gün olarak belirlenmiştir, yani siz bir şeyi 21 gün boyunca tekrar tekrar yaparsanız o şey sizin için bir alışkanlık haline dönüşür. Bu da bilimsel olarak beyninizdeki yeni bağlantı nöronlarının oluşması için gereken zamandır. 3 tane 21 günse sizin için tam istikrar demektir. Hem psikolojik hem de fizyolojik olarak temizlenmeniz ve yeni bağlantılar kurmanız için sihirli sayı 63'tür.

Süreci bozmadan, kararlı bir şekilde durmak, her ne olursa olsun kendinizi ve değerinizi unutmamak aşk acısından çıkışın kapısını açacak anahtarlardır.

Tüm bunlar üzerinde istikrarlı bir çalışma kalbinizdeki acıların hafiflemesine yardımcı olur. Ancak yeni birine kapıları açmak, size gerçek değerinizi hissettiren birinin kalbinize girmesine izin vermek size gerçekten de iyi gelecek şey olabilir.

Kaybetme Korkusu Nasıl Yenilir?

Kaybetme korkusu ince bir buz tabakası üzerinde hareket etmeden durmak gibidir. Kendi gücüne inanmayan, kendi değerinin farkında olmayan biri kendini güçsüz ve değersiz hissettiren insanları hayatına alır.

Yaşamda kaybetme korkusunu hepimiz zaman zaman hissederiz. Bulunduğumuz statüyü kaybetmek, mal varlığını yitirmek, sevdiklerimizi bir daha göremeyeceğimizi ya da eşimizden, sevgilimizden ayrılacağımızı düşünmek içimizi mengeneye sıkışmışız gibi bir hisle doldurabilir. Bu duygu zaman zaman içimizde belirebilir ancak ciddi anksiyete ve kaygı bozukluklarına yol açtığında durum daha da ciddiyet kazanmış demektir.

Yaşamda en olumsuz enerjiye sahip hislerden biri "korku"dur. Korkmak, insanı güçsüzleştiren, görünmez prangalara bağlayan bir duygudur ve yaşama karşı inancınızı sarsar, tedirgin olduğunuz her konu ve kişi üzerinde daha çok düşünmeye yönlendirir. Düşünce olarak bir şeye, bir duruma daha fazla yoğunlaşmak takıntı haline geldiğinde korkular da büyür. Mesela, sevgilinizi kaybetmekten çok fazla korkuyorsanız, giderek onu daha değerli görmeye başlarsınız çünkü kaybetmekten korktuğunuz şey, kaybetme durumunda sizin bir daha mutlu olamayacağınız ihtimali ile eşdeğer hale gelir. Bu arada siz bu duyguyla dolarken olay şu şekle dönüşür: O gözünüzde daha değer kazanırken siz gitgide daha değersiz hissetmeye başlarsınız, değersiz hissettikçe karşı tarafı kaybetmekten daha fazla korkmaya başlarsınız. İşte size berbat bir kısırdöngü daha!

Siz çırpındıkça öyle bir döngüye girersiniz ki ilişkinizde belki de hayır demeniz gereken birçok şeyi kabul etmiş, sınır çizemeyen, her hareketten tedirgin olan, bir sürü kötü davranışı tolere etmeye çalışan birine dönüşürsünüz. Sonra ne olur? Hissettiğiniz tüm bu duygu düşüncelerle, karşınızdakini de size bunları hissettiren bir insana çevirir ve sonunda kaybedersiniz. Yani korkunuz kendisini ispatlamak için her şeyi yapar. Kendini gerçekleştiren kehanetlerden biri de işte budur. Korkularınızın hepsi gerçek oldu...

Kaybetme korkusunun birazı ilişkileri canlı ve hareketli tutar ama bu korku kontrol edemediğiniz boyutlara geldiğinde size çok fazla hatalar yaptırabilir. Kaybetmemek adına her şeyi kontrol etmeye çalışabilir, çok fazla kıskançlık yapabilir, kişiyi bunaltacak şekilde üstüne düşebilir, kendisinden ve sevgisinden yüzde yüz emin hale getirip, kişinin ilişkiye karşı heyecanının azalmasına sebep olabilirsiniz.

Yoğun kaybetme korkusunun altında, özgüven azlığı, değersizlik ve yetersizlik duyguları yatabilir. Çocukluk döneminde yaşanmış travmalar, aile yaşantıları da bu korkunun gelişme sebepleri arasında olabilir.

Kaybetme korkusunu yönetebilmek için bu korkunun nedenini bulmaya çalışın. Bu korkunun gerçek bir korku olmadığını kendinize hatırlatın ve duygunuzu kontrol altında tutmayı öğrenin. Bu duygunun yoğunlaştığı anlarda ilginizi başka şeylere verin. Sizi rahatlatacak şeyler yapmak, bedensel olarak kendinizi rahatlatmak zihninizi gevşetmek adına başvurabileceğiniz yöntemlerden bazılarıdır.

Hayatta her şeyi kontrol etmek mümkün değildir. Ölümler, ayrılıklar, bitişler de hayata dahildir. Her şeyi kontrol altında tutma çabanızdan vazgeçin. Hayatınızdaki durumlar ve insanlar yerine kendinize odaklanın. Çok ciddi bir düzeyde seyreden durumlarda mutlaka bir uzmandan yardım alın.

Aşırı Kıskançlığın Sebebi Nedir?

Aşırı kıskanç bir insanın içinde terk edilmekten çok korkan bir çocuk vardır.

İlişkilerde muhakkak yaşanan duygulardan biri de kıskanmadır. Küçük dozda olanlar ilişkiyi renklendirse de abartılı kıskanmalar mutlu bir birlikteliği cehenneme çevirebilir.

Peki çiftler neden birbirini kıskanır?

Aşırı kıskanma duygusunun temelde birkaç nedeni vardır.

İlk olarak bunun altında derin bir özgüven problemi olabilir. Başkalarını kendisinden üstün gören kişi için başkaları sürekli bir tehdit algısı yaratır. Onun için diğer herkes her zaman alt edilmesi gereken bir rakiptir. Bu durumun yoğun olarak yaşandığı anlar da öfke patlamalarına, kavgalara ve belki de şiddete kadar varabilir.

Özgüvensiz kişi, kıskançlık tuzağına düşer ve karşısındaki insanı sürekli baskı altında tutmaya, takip etmeye yönelir. Böyle yaparak onu kontrol altına alacağını düşünür. Halbuki bu durum karşı tarafın ilişkiden uzaklaşmasına neden olur yani bu bir çözüm olmaz.

Kıskanma, kaybetme korkusundan da doğabilir. Çocukken o kadar korkmuşsunuzdur ki anne ya da babanın sizi terk etmesinden yetişkin bir birey olduğunuzda aynı duyguyu ilişkilerinize taşırsınız. Her önlemi alırsınız o gitmesin diye; herkes, her şey bir tehdit haline gelebilir sizin için... Ama önlem alsanız da yetmez; her an, o korku içinizi yer bitirir, ya giderse, ya başkasını tercih ederse, ya beni sevmezse?... Çocukken terk edilmekten çok korkan çocuk, şimdi öfkeyle kıskançlığın batağında kendi kendini boğar. Anne ya da babayla aradaki güven bağının kesilmesi, erken yaşta yaşanan anne baba kayıpları çocukluk döneminden kalma korkuların sonraki yaşlara ulaşmasına zemin hazırlar. Terk edilmekten, sevdiği insanı kaybetmekten ileri gelen kıskanma duygusunun yarattığı endişe ve stres partnerin baskı altında tutulmasına, paranoyaya, aşırı şüpheye ve sorgulamaya kadar gidebilir. Kıskanç partner asla duyduklarına inanmaz. O hep kuşkudadır ve kendi zihninde yarattığı aldatma senaryolarına inanır.

Kıskançlığın abartılı düzeyde seyrettiği bazı kişilik bozukları vardır. Narsis ya da paranoid yapıda insanlar bu duygu tuzağına sık düşerler. Sürekli şüphe içinde yaşayan zihinlerini kontrol edemezler. Nefes aldırmayacak bir boyuta yükselebilirler ve onlar için her davranışın altında gizlenen, söylenmeyen bir şey vardır.

Kıskanma duygusu ayrıca kültürel olarak da bireye yüklenen bir duygudur. Toplumumuzda "Seven insan kıskanır" yaklaşımı oldukça hâkimdir. Ancak hiçbir şekilde abartılı kıskanmanın sevgiyle ilgisi yoktur. Bu yanlış yargıyla yüklenmiş zihnin bu algıyı kırması bu duygudan uzaklaşmasının tek yoludur.

Kıskançlıktan kurtulmanın yolu nedenini bulmak ve bunun üzerine gitmekten geçer. Davranışların her daim bir mantık süzgecinden geçirilmesi, kıskançlık anlarında yaşananların serinkanlı bir şekilde değerlendirilmesi adına çabalamak bu olumsuz duygudan uzaklaşmanın diğer yolları arasındadır.

Yalnız Başıma Nasıl Mutlu Olabilirim?

Kendi başına mutlu olmayan biri, başka birinin varlığı ile de mutlu olamaz. İlişkilerde bağımlı ve mutsuz olmamak için kendi başınıza mutlu olmayı öğrenin.

Bazı insanlar, ilişkileri bittiği an diğerine başlarlar çünkü yalnız kalmaktan çok fazla korkarlar, hatta yalnız kalmaktan çok korktukları için kendilerini mutsuz eden, değersiz hissettiren ilişkileri bir türlü bitiremezler çünkü tek başına kalmak büyük bir zorluktur onlar için. Oysa tek başınıza mutlu olduğunuzu hissettiğiniz ve bunu keşfettiğiniz zaman kendi mutluluğunuz için çok daha yüksek bir mutluluk standardı oluşturursunuz ve artık sizin için en iyisi, en uygunu haricindeki hiç kimseye katlanmayacak duruma gelirsiniz.

Hayatta tek başınıza da mutlu olmayı ve tek başınıza da güvende hissetmeyi öğrenmeniz gerekir, böylece yalnız kalmaktan korkmak gibi kötü bir duruma asla düşmezsiniz. Eğer sizi zorlayan bir ilişki içindeyseniz basit bir şekilde bunu bitirin. Yalnız kalma korkusuyla mutsuz birliktelikleri sürdüren çok sayıda insan var ama siz bunlardan olmayın. Yalnız yaşamanın tadını çıkarın ve yeni bir ilişkiye girmeniz gerektiğinde ya da girmeyi seçtiğinizde bunun için çok çok iyi bir sebebiniz olsun. Başka biriyle ancak onu sevdiğiniz ve sizi mutlu ettiği için birlikte olun.

Kadın erkek ilişkilerinin kurulma nedeni, aslında o ilişkiden beklentimiz olmasıdır. Sevmek, sevilmek, değer görmek, kendimizi değerli hissetmek, bu dünyada birileri tarafından zorunlu olduğu için değil, sırf kendimiz olduğumuz için istenmek, talep edilmek ve yalnızlığımızı paylaşmak hayati ihtiyaçlarımız arasında yer alır. Bunun için kendimizi karşımızdakine açmamız, bağlanmamız, güvenmemiz, hayatımızın tüm zayıflıklarını ortaya koyabilmemiz gerekir. Bunun için de cesaret lazımdır. Yalnızlığı paylaşmak istemek, çok doğal bir ihtiyaçtır ama yalnızlığı kabullenen ve yalnızken de mutlu olabilen biri ilişkide de sağlıklı bir şekilde var olabilir.

Yalnızken mutlu olmayan, sürekli bir ilişki peşinde koşan kişinin, ilişkilerden beklentisi çoğalır ya da yanlış beklenti içine girer, bu da o kişinin ilişki içinde bağımlı ve mutsuz olma ihtimalini artırır. Çünkü onun mutlu olma ihtimali kendisine değil bir başkasına bağlı hale gelir. Bu bağımlılık doğuran süreçse kaybetme korkusunu beraberinde getirir.

Herkes kendi yalnızlığıyla barışmalı ve yalnızken de mutlu olmalı, yaptıklarından, hedeflerinden tatmin olmalı; neleri sever, neleri sevmez, onu ne mutlu eder, ne üzer, ilişkilerden ve insanlardan beklentisi ne, zaafları ne bilmeli, kendini tanımalı, kendini anlamalı ve en önemlisi kendini sevmelidir...

İşte o zaman yoğun beklentilerin olduğu bağımlı ilişkiler ortaya çıkmaz ve gerçekten iki kişinin de tatmin olduğu doğru ilişki doğar.

İlişki sonrası yaşanan yalnızlık korkusunu yenmek için neler yapabilirsiniz?

Öncelikle hayatınızdan giden birinin ardından ağlamak sızlamak yerine sakinleşin, bir süre kendi kendinize kalmanın avantajlarını görün. Bu süreyi kendinize dönmek, kendi hayatınızı gözden geçirmek, ertelediğiniz ya da ihmal ettiğiniz şeyler varsa onları derlemek ve toparlamak için bir fırsat gibi de görün. Tüm bunları yaparken de aslında oluşan boşluğu doldurması gerekenin hemen başka bir ilişki değil, dostlarınız, yakın arkadaşlarınız ve aileniz olduğunu görün.

Hissettiğiniz boşlukla mücadele konusunda kendinizi zayıf hissediyorsanız buna en iyi çare sosyalleşmek, yeni insanlarla arkadaşlıklar kurmak, dostlarınızla programlar yapmaktır. Evet bu ilk başlarda kolay olmayacak ve siz kendinizi bir savaş verirken bulacaksınız. Ancak insan beyni ilginçtir. Yapılan çalışmalarda beynimizi kandırmanın mümkün olduğu görülmüştür. Sizin için zor olsa da mutluymuş ve korkusuzmuş gibi davranmak bir süre sonra sizi zaten böyle hissettirecektir.

Kendi kendinize mutlu olmaya başladığınızda, yalnız kalmaktan korkmadığınızda, sizi gerçekten mutlu eden, sevdiğiniz ve sevildiğiniz bir ilişki sizi bulacaktır. Çünkü korkulardan arınmış bir kalp parlamaya başlar ve mutlaka o ışık birilerinin dikkatini çeker.

Bir İlişki Nasıl Evliliğe Götürülebilir?

İlişkiyi evliliğe götürmek
şüphesiz pek çok şeyi gerektirir.
Uyum, arkadaşlık,
ortak zevkler, aşk...
Ama en önemlisi de güven...

Her ilişki bir dizi hayal, bir dizi umutla başlar. Yaşanmış olan birçok ilişkinin ardından bile yeni tanışmış olduğumuz partnerimizin bir öncekilerden daha farklı olduğunu, ona karşı daha farklı ve daha önceden hiç hissetmediğimiz duygular beslediğimizi düşünürüz. Her yeni başlayan ilişki bu sefer bu "doğru kişi" umutları çerçevesi etrafında şekillenmeye başlar. Hatta bazen öyle yorucu bir ilişkiden çıkmışızdır ki uzun süre hayata küseriz, bize ilgi gösteren insanlardan kaçarız. Tam da böyle anlarda birden biriyle tanışırız ve geçmişin kirini pasını bir anda siler, tekrar cesaretimizi toplar ve yeniden başlamak için hevesleniriz.

Hayatta belki de çoğu şeyi seçme şansını elde edemiyoruz. Ailemizi, işimizi, fiziksel özelliklerimizi... Bunlar hayatımızda kabul etmek zorunda olduğumuz gerçeklerdendir.

Peki ya eşimizi?

Yeni bir ilişkiye başlarken hiç şüphesiz mutlu olacağımızı düşündüğümüz insanı seçerek başlarız öyle değil mi? Seçme özgürlüğümüzün olması ne büyük lükstür aslında. Sonrasında hayaller kurmaya başlarız. En büyük dileğimizdir uzun yıllar mutlu olmak, ilişkimizi bir evlilikle taçlandırmak, hastalıkta ve sağlıkta yan yana durabilmek, çocuklarımızı yetiştirmek ve geleceğe umutla, yalnızlık korkusu olmadan güvenle bakabilmek.

Bunları hemen hemen hepimiz isteriz. Peki nedir bir ilişkiyi evliliğe taşıyan şeyler? Bu işin bir sırrı var mıdır?

Bunun birçok sırrı olduğuna eminim. Bu sırlardan belki de en önemlisi ilkönce insanın "kendisini sevmesi" gerektiğidir. Kişinin kendini sevmesi aslında birçok şeyi de beraberinde getirir. Başarıyı, kendine güveni, mutluluğu ve dahasını... İyi bir evliliğin de baş etkeni mutluluk değil midir? Mutlu olan insan, karşısındaki insanı da mutlu etme arzusu içinde olur. İlişkilerde partnerimizi mutlu edebilmek, ilişkinin daha ileriye taşınması gerektiğini hissettirir yani evlilik düşüncesinin oluşmasında rol oynar.

Hayatımızın her alanında kurduğumuz "iletişim" evlilik için de önemlidir. Dinlemek, konuşmak, kırmamak, doğru kelimeleri seçebilmek iyi bir iletişimin sağlanması için olmazsa olmazlardandır. İlişkilerde yaşamış olduğumuz problemleri çözerken doğru iletişimi kurabilmek ilişkiyi başka bir seviyeye taşıyan basamaklardandır. Doğru bir iletişim sayesinde partnerinizin önce size sonra da yaşamış olduğunuz ilişkiye güveni ve inancı artacaktır.

Küçük problemleri büyütmemek, bir sorun olduğunda karşı tarafı suçlamadan sizde oluşturduğu duyguyu ifade edebilmek, niyet okumamak, küsmemek, aşırı alınganlık göstermemek, öfkelendiğinizde kırıcı olmamaya özen göstermek, belki bu gibi durumlarda sakinleşip konuşmak için doğru anı kollamak doğru iletişimin anahtarlarıdır. Her ilişkide çatışma kaçınılmazdır. Ama niyetiniz eğer üzüm yemekse bağcıyı dövmekten imtina etmelisiniz.

Yaşamış olduğunuz ilişkinin evlilik ile sonuçlanmasına yardımcı olan bir diğer sır kişinin "kendisi gibi davranması"dır.

Doğal olun, dupduru, tertemiz durun, dış görünüşünüzü de karakterinizi de olduğundan farklı göstermeyin. Aksi halde partnerinizin size karşı duyacağı kuşkular onun geleceğe yönelik bir adım atmasını güç hale getirecektir.

Bir ilişkiyi evliliğe taşımak istiyorsanız "acele etmemeniz" gereklidir. İlişki sırasında konuşulan evlilik konuları partnerinizi korkutabilir. Vereceğiniz ufak mesajlarla onu gelecek planlarınıza dahil ettiğinizi belli edin, ancak bunu doğru zamanda konuşuyor olmanız ilişkinizin evliliğe gitmesinde faydalı olacaktır.

Negatif olmaktan kaçının. Her daim yüksek tuttuğunuz enerjiniz birlikte keyifli anlar yaşamanızı sağlayacak ve bu anların daha sık olabilmesi için partneriniz daha sık sizinle bir araya gelecektir.

Tüm bunlardan bahsederken hep farklı noktalara eğilsem de bunların tamamı aslında tek bir ortak noktaya bağlanıyor. Bu temel nokta hiç şüphesiz "güven"dir. Hem kendinize hem de partnerinize duyduğunuz güven ilişkiyi daha sağlam temeller üzerine kuracaktır. Her zorluk karşısında beraber olacağınızı, onu yalnız bırakmayacağınızı, mücadele etmekten kaçmayacağınızı hissettirmek partneriniz ile olan ilişkinizi evliliğe bir adım daha yaklaştıracaktır.

Güçlü Kadın mı Olmalı Zayıf mı?

Güçlü kadın hayatın peşinde sürüklenmez, o kendi hayatını kendisi yaratır.

Güçlü kadın denince aklınıza ne geliyor?

Bugün kadına atfedilmiş toplumsal roller, eğitim, erkek egemen toplumun dayattıkları, erkeklerin kişilik özellikleri ve yetiştirilme tarzını bir kenara bırakarak bu soruya nasıl bir cevap verebiliriz?

Güçlü kadın kendine güvenen, kendi ayaklarının üstünde duran, kimseye ihtiyaç duymayan, tüm zorlukları kendi üstlenebilen kadındır. Güçlü kadının kendine ait alanı vardır, kendi dünyasında vakit geçirmekten mutludur. Kendine güvenen kadın birlikte olduğu adama mesafe tanır, kendi arkadaşlarıyla vakit geçirmesine izin verir, hobileri ve özel alanı olmasını ister hatta bunu teşvik eder. Güçlü kadının sınırları bellidir. Neyi kabul edip etmeyeceği konusunda nettir. Saygısızlığa karşı toleranslı değildir, rahatsızlık hissederse kendini geri çeker. Zaten belli durumlarda kendini geri çekebilen kadın her zaman cazibelidir yani cazibesini erkeğin gözünde kaybetmez. Erkek için o kadınla birlikte olabilmek çok özel bir şeydir çünkü güçlü bir kadınla olmak erkeği de özel hissettirir.

Zayıf bir kadından bahsederken de aslında özgüveni az, bir yerlerde kendini değersiz hisseden bir kadından söz ediyoruz demektir. Bu tarz bir kadın yaşantısını devam ettirebilmek için bir erkeğe ihtiyacı olduğunu hissettirir, kendi özel alanı yoktur, kendi zevklerini, arkadaşlarını, işini hatta ailesini bir erkek uğruna bırakabilir ya da değiştirebilir. Kendine ait alan istemediği gibi erkeğin de kendine ait bir alanının olmasından rahatsız olur. Kendi saygınlığına ilişkin sınırları net değildir, kendini bağımlı bir ilişkide iyi ve mutlu hissedebilir. Dört gözle birlikte olduğu erkeğin onunla evlenmesini bekler ve bunu da her hareketi ve davranışıyla belli eder. Bu bazen sıkıcı, boğucu bir hal alabilir.

Güçlü olan bir kadın güçlü bir erkek, güçlü olan bir erkek de güçlü bir kadın görmeyi arzular. Hatta yüz erkeğe nasıl bir kadınla beraber olmak istediğini sorsak çoğu erkek güçlü bir kadınla birlikte olmak istemeyi seçer. Peki pratikte durum gerçekten böyle midir?

Güçlü erkek, kadının elde etmiş olduğu başarılardan gurur duyar, onu eleştirmez, ona hayranlıkla bakar, kendi başarısı gibi elde ettiği başarılardan mutluluk duyar. Peki kendini eksik hisseden bir erkek nasıl bir kadın görmek ister? Böyle bir erkek asla karşısında güçlü bir kadın görmek istemez hatta buna tahammül bile edemez. Güçlü kadın ona eksik yönlerini daha da hatırlatır. Bu durum da onda öfke, kıskançlık, nefret gibi duygular yaratır. Çünkü onun zayıflığının ilişkide hissedileceği endişesini taşır. Böyle bir erkek güçlü bir kadın ile yapamaz. Muhtemelen böyle bir ilişkide vereceği varoluş mücadelesi ona ağır gelir ve kendisine zayıf, daha kolay yönetebileceği bir kadın arar. Ona bağımlı olacak, dediklerini yapacak, ondan üstün olmayacak, ona itaat edecek bir kadın görmek ister. Erkek doğası daha edilgen yapıda bir kadınla beraber olmayı tercih eder çünkü evrimsel ve kültürel olarak pek çok nedenden dolayı bir ilişkide erkek gücünün ve iktidarının kabullenilmesini arzular. Bunu sarsacak bir durumla karşı karşıya kalmaktan da pek hoşlanmaz.

Başta da belirttiğim gibi pek çok etken güçlü kadın ve zayıf kadın modelini ortaya çıkarır. Kimileri için güçlü kadın hayatı kolaylaştırırken kimine göre kadının güçlü olması tahammülsüzlük yaratır. Peki siz ilişkinizde nasıl birini görmek istersiniz?

Farklı Karakterli İki Kişi İlişkiyi Nasıl Yürütebilir?

Kişiler kendisine farklı ve sıra dışı görünen birine en başta yoğun ilgi ve merak duysa da bu zamanla ilişkiye zarar veren bir durum yaratabilir. "Zıt kutuplar birbirini çeker" çok bilindik bir klişedir. Çekti çekmesine ama ilişki nasıl devam edecek?

Başta çekici gelen kişilik özellikleri zamanla ilişkinin dinamiğini bozabilir. "Ne kadar değişik, delidolu, kimseye benzemiyor" dediğimiz özellikler ilişkide bir zamandan sonra birer çatışma unsuruna dönüşebilir.

Eğer kendinizin tam zıddı bir karakterle beraberseniz ve ilişkinizin devam etmesini de istiyorsanız partnerinizi değiştirmeye çalışmayın ve onu tanımış olduğunuz hali ile sevin. Değişmeyeceğini kabul edin ve kendinizi belki değişir umuduna sürükleyip beklenti içine sokmayın. Zıt kişilerin birbiri ile aynı yola devam etmesini sağlayacak en önemli nokta karşımızdaki insana, onun fikirlerine, hayatına, davranışlarına saygı duymaktır. Size farklı geldiği için partnerinize eleştirilerde bulunmak ilişkinizin ömrünü azaltacaktır. Partnerinizin hoşunuza giden yönleri ile ilgilenmeye çalışın. Hepimizin sorun yaratan tarafları vardır öyle değil mi? Zaten biriyle bir ilişki sürdürmek demek bu sorunlu tarafları, marazları da kabul edip karşımızdakini bütün olarak sevmekle olan bir şeydir. Yani siz birini hayatınıza aldığınızda onun sadece olumlu taraflarını değil diğer taraflarını da hayatınıza almış olursunuz.

İlişkide sık sık çatışmalar yaşanabilir bu çok doğaldır. Bir şeyle baş etmeye çalıştığınızı fark ettiğinizde bunu konuşun. Hem kendinizi hem de onu ifade edebilecek alanlar yaratın. Sağlıklı iletişim farklı kişilik yapılarındaki insanları bir arada tutan eşsiz bir köprüdür.

Zıtlıktan dolayı karşılaştığınız sorunları ortak yönlerinizi düşünerek ve onları yaparak aşmaya çalışın, böylece büyük bir problem haline gelip tartışmanıza sebep olmasının önüne geçmeye çalışın. En önemlisi de hepimizin yapması gereken şey empati kurabilmektir. Böylece ilişkileriniz daha sağlıklı ve uzun sürecektir.

Bizim için sıra dışı görünen insanlarla bir birlikteliğe başladıktan sonra zamanla azalan duygular yerini bir monotonluğa bırakabilir. İster sizden farklı olsun, isterse de aynı özellikleri barındıran biriyle olsun her ilişki eninde sonunda monotonluğa yenik düşer. Buradan çıkış yolu ise azalan tutkuların yerine dostluk ve sevgiyi koymaktır. Eğer yüksek tutku ve heyecan azaldığında yerine koyabileceğiniz ortak şeyleriniz yoksa zaten bir ilişkiyi de yürütmek zor ve mantıksızdır.

Erkekler Neden Bağlanmaktan Korkar?

Bağımlılıkla bağlılık farklı
şeylerdir. Bir ilişkide bağımlı
olmadan da bağlı olabilirsiniz.
Bağlılık korkusunun temelinde
bağımlı olmaya bir eğilim vardır.

Bazen yeni bir beraberliğe başladığımız bir erkekten şu cümleleri duyarız:

"Seninleyken çok mutluyum ama buna bir isim koymak zorunda mıyız?"

"Yeni bir ilişkiye hazır değilim."

"Seni üzmekten korkuyorum."

Bağlanma korkusu yaşayan erkekler bu cümleleri sıkça kurarlar. Bunu bilinçaltında yatan birçok neden ile açıklamak mümkün. Kaybetme korkusu, terk edilme korkusu, sorumluluk almak istememe, kişiliğine zarar geleceği endişesi, sınırlarını koruma ihtiyacı gibi pek çok neden bağlanma korkusuna neden olabilir. Bir erkeğin kendini yetersiz ve karşısındaki kadını daha güçlü görmesi onda terk edilme korkusu yaratabilir. Erkekler aynı zamanda özgürlüklerini kaybedeceklerini düşündükleri için de bağlanmaktan korkarlar. İlişkide güçlü olan taraf olmayı istemeleri de erkekleri bağlanmaktan korkar hale getirir. Erkekler bir kadına bağlandıkları zaman kontrollerini ellerinden kaçırmaktan, ilişkideki zayıf taraf olmaktan endişe duyarlar ve bu yüzden bağlanmak istemezler. Çünkü erkek, toplumun ona dayattığı gibi güçlü durmak ve birine liman olmak zorunda hisseder kendini. Eğer erkek bir kadına bağlanırsa kadının onu önemsemeyeceğini, ciddiye almayacağını ve ona saygı duymayacağını düşünür. Erkekler bağlanmayı ve bağımlı olmayı sık sık birbirine karıştırır ve bu korkuyu yaşar. Yaşadıkları bağlanma korkusuyla beraber birlikte olduğu kadına duygularını göstermekten de geri durur ve ilişkide iplerin kadına geçmesini istemezler.

Belki de bağlanmaktan korkan bir erkek kapanmamış yaralarının olduğu haberini vermektedir?

Bu tip erkekler için bağlanma demek korkunun da açığa çıkması demektir. Bu hissedilen korku duygusu erkekleri bağlanmaktan kaçar hale getirir. Bir kadının varlığı bir erkeği nasıl mutlu ediyorsa onun yok olacağı düşüncesi de kaygıya sürükler. Bu duyguların en derinine inmek istersek erkekler aslında üzülmekten, ayrılık sonrası yaşayacakları acıdan korkarlar. Burada göze çarpan çok net bir şey var ki o da bağlanma korkusu yaşayan bir erkeğin aslında bağımlı kişilik özelliğine sahip olduğudur. Acı çekmekten korkan erkek eğer bu yüzden bağlanmaktan kaçıyorsa bu normal karşılanacak bir durum değildir.

Aslında çocuklukta, erkeklerin toplumsal rollerinden dolayı anneleri ile olan bağ, kız çocuklarına göre daha erken kopmaya başlar. Erkekler daha küçük yaşlarda yaşamaya başladıkları anneden ayrılma süreci ve onun yerine başka birine bağlanma ihtiyacı ile hayatlarına aldıkları kadına bağlanma ihtiyacı da hissederler ancak bundan korktukları için daha çok kadını kendisine bağlamayı arzu ederler.

Bağlanma korkusu yaşayan erkekler kendi içlerinde sürekli kaygılı ve korkularıyla savaş halinde olduklarından dolayı sık sık ilişkiyi sabote ederler. Kendi kaygılarını yönetemedikleri için partnerlerini de zorlayan bir psikolojiye bürünürler. Bu durum her iki taraf için de oldukça zorlayıcıdır.

Bir savunma mekanizması olarak geliştirilen bağlanma korkusunun temelinde yatan nedenler fark edilirse çözüm de gelecektir. İlişki demek bağlılık demektir. Bağımlılığa düşmeden bağlanmak da mümkündür.

Erkekler Neden Kadınları Bilerek Sinirlendirir?

Hepimizin içinde bir çocuk var.
Oyunlar oynamak isteyen,
ilgi çekmek isteyen...

Bazen ilişkide olduğumuz insanı test etmek isteriz. Ne kadar önemsendiğimizi, ne kadar değer verildiğimizi bilmek için ufak oyunlar oynarız. Ya da ilgi çekmek için, daha doğrusu ilgiyi üzerimizde tutmak için türlü yollara başvururuz.

Küçük çocukları düşünün. Bazen mızmızlanır, durduk yere ağlarlar. Oysa tek istedikleri anne babası tarafından sevilmek, kucaklanmaktır.

Çocukların başvurduğu bu yöntem yetişkinler dünyasında da vardır. Ne de olsa çoğu özelliğimiz biz henüz çocukken inşa edilir. Büyümemiz, yaş almamız yetişkinler dünyasındaki davranışlarımızın çoğunu da değiştiremez. Hepimiz hâlâ sevilmeyi bekleyen, ilgi görmek isteyen birer çocuğuz ne de olsa...

Erkekler de bazen partnerlerinin ilgisini çekmek için sinir bozmaya çalışabilirler. Hatta çoğunlukla yeni tanıştığı bir kadının ilgisini çekmek isteyen bir erkek gıcık edici tavırlarla kadının üstüne gidebilir. Büyük bir klişedir, "En büyük aşklar nefretle başlar" denir. Belki de bir erkeğin dikkat çekmek için kullandığı silahlardan biri sinir bozucu davranışlarda bulunmasıdır.

Egosantrik ve narsis erkeklerde durum biraz daha farklı olabilir. Onlar ego tatmini için karşılarındakini sinir etmeyi seçebilirler. Bu kişilik yapısındaki erkekler üstünlük kurma çabası, kendini ispat etme düşüncesi, meydan okuma, ezme, aşağılama gibi amaçlarla bu silaha sarılırlar.

Bazen erkekler kadının onu gerçekten sevip sevmediğini anlamak için de sinirlendirmek ister, özellikle erkeğin içindeki o çocuksu ruh, sevginin tanımını öfke ile bağdaştırabilir. Bu ne kadar yanlış bir bağdaştırma olsa da çocukluktan kalma bir davranış olarak uygulamakta sakınca görmezler. Erkekler kadına olan sevgisini ölçmek için bunu kendine bir yöntem olarak seçmiş olabilir ama bu doğru bir davranış şekli olmadığı için bazen bununla yüzleşmekten de kaçınırlar.

Erkekler bazen kopan bir iletişimi başlatmanın yolu olarak da buna başvurabilirler. Çünkü bir kadının sorunlu bir ilişkide artık hiçbir şeye tepki vermiyor oluşu erkek için tehlikelidir. Bu sinir bozucu davranışlar kötü de olsa bir reaksiyon alabilmek, hâlâ karşı tarafın umurunda olup olmadığını test etmenin başka bir yolu olarak görülebilir. Tabii ki burada sınır önemlidir. Hepimizin kızdığı ufak tefek şeylerden bahsetmiyorum. Partneriniz sizi sinir etmek için başka bir kadınla flört ediyorsa sınırların zorlandığından şüphe etmemek gerekir.

Erkek Neden Kıskandırmaya Çalışır?

Kıskandırma, ilişkide karşı tarafı test etme araçlarından biri olarak kullanılabilir.

Erkeklerin birlikte olduğu kadını test etme yollarından birisi de kıskandırmaktır. "Seven insan kıskanır" sözünden yola çıkarak karşısındaki kadının duygularını ölçmeye çalışan erkekler vardır. Yine sinir bozucu davranışlara yönelmeye benzer bir şekilde partnerinin ilgisini çekmek için kıskançlığı tetikleyecek davranışlara başvurabilirler.

Karşısındaki kadının hissettiği duygulardan emin olmak ya da ilgi duyduğu kadının duygularından bir şeyler yakalamak isteyen bir erkek kıskandırmak isteyebilir. Henüz flört aşamasındayken kullanılabilecek taktiklerden biri olan kıskandırma çabasını ilişkinin içinde sürekli devam ettirmek çok sağlıklı bir tablo yaratmayacaktır.

Eğer partneriniz sizi sürekli bu şekilde tetiklemeye çalışıyorsa bir süre tepkisiz kalmanız yararınıza olacaktır. Israrla devam ettirdiği bu durum karşısında bir reaksiyon alamadığında yaptığı bu şeyden vazgeçecektir. Fakat yine de bu davranışa devam ediyorsa tepkinizi göstermekten kaçınmayın. Empati kurmaktan uzak bir partnere sahipseniz belki aynı davranışı sizin de ona yapmanız bir şeyleri fark etmesi için faydalı olacaktır.

Bir Erkek/Kadın Neden Terk Eder?

Bir ilişkiyi yürütmek titizlik ister. Bazen kendinizden taviz vermeniz, bazen gururunuzu bir kenara bırakmanız gerekebilir. Bazen de çekip gitmek gerekir. Peki neden?

Her ilişki güzel başlar. Pembe hayaller kurulur, sanki tüm dünya bu iki kişi için dönüyor gibidir. Her iki taraf da ayrılık fikrini düşünmeksizin koyulduğu yolda bir gün engebeli yerlere gelir. Mesele bu engebelerin nasıl atlatılacağıdır.

Günümüzde artık bir ilişkiyi yürütebilmek için yeterince sabrımız yok. Her şeye ve herkese çok kolay ulaşabildiğimiz bu çağda, ilişkilerimizden de kolayca vazgeçebiliyoruz. Seçenekler çok, üstelik eski zamanlardaki gibi flört etmek istediğimiz insanı görebilmek için aylarca, günlerce beklemiyoruz. Telefonunuzla yapacağınız bir parmak hareketiyle her şey artık çok daha kolay.

Haliyle bu kadar kolay kazanılan şeyler kolaycacık da harcanabiliyor. Onarılabilecek sorunların üzerine çoğu kez gitmiyor, kestirmeden dönüp ilişkiye nokta koyabiliyoruz. Bu ise hayal kırıklığına ve üzüntüye sebep oluyor. Günümüz insanının çok uğraştığı sorunlardan biri de ilişkilere küsmek oluyor.

Peki ilişkileri terk edilme noktasına getiren şeyler nelerdir?

İlişkilerde erkek veya kadın eğer eskisi gibi ona zaman ayrılmadığını, kendisi ile kurulan iletişimde azalma olduğunu hissettiği an ilişkiden uzaklaşmaya başlar ve zamanla da partneri ile yollarını ayırır. Aynı zamanda kendini değersiz ve yokmuş gibi hisseden birinin de zamanla ilişkiden uzaklaşması muhtemeldir. Sürekli eleştiriye maruz kalmak, aşağılanmak, küçümsenmek de terk edilmeye giden yolu döşeyen taşlardandır. Sonuçta kim kendisini aşağı çeken birinin yanında durmak ister ki?

Çok fazla baskı, kısıtlama varsa ya da çiftlerden biri diğerine fiziksel ve psikolojik şiddet uyguluyorsa bu tip davranışlara maruz kalan kişi ilişkiyi noktalamak isteyecektir kaçınılmaz olarak.

Daha önceki bölümlerden birinde bahsettiğim gibi bağlanma korkusu da terk etmek için yeterli bir sebeptir. Acı çekmekten, terk edilmekten korkan taraf bu yoğun kaygıyla baş edemeyeceği için ilkönce kendisi ilişkiyi nihayetlendirmek isteyebilir.

Ortak noktaların haricinde kadın ve erkekler terk etmek için farklı nedenlere sığınır mı?

Önce erkeklerin durumuna bakalım. İlişkide erkek stresle baş edemediği durumlarda aniden terk edip gitme arzusu duyabilir. Kadınlar için çözülebilir veya üzerinde konuşulabilir konular erkekler için zorlayıcı olduğunda erkek çıkıp gitmek ister. Sevginin bitmesi, başka birinin varlığı, cinselliğin tatmin etmemesi, gelecekle ilgili kaygılar, bağlanma korkusu, değersizlik duygusu yine bir erkeğin terk etmesinin ardındaki nedenler arasında olabilir.

Kadınlar neden terk ederler peki? Eğer erkek yalan söylüyorsa, fazla kıskanç ve baskıcıysa, bencilse, ilgisizse, aldatmışsa kadın için terk etmek mümkün olur. Aslında kadınlar ilişkiler konusunda erkeklere göre ne istediklerini çok daha iyi bilirler. Ne istediğinden emin olamayan, ketum ve kararsız bir erkeğin varlığı kadın için bir süre sonra çekilmez olabilir.

İnsanlar yaşamış oldukları ilişkilerde huzur bulmak ve anlaşılmayı arzu ederler ve eğer aradıkları huzuru partnerlerinde bulamazlarsa terk etmeyi seçerler. Özellikle kronikleşmiş durumlarda, bitmeyen tartışmalar ve nefrete dönüşen duygular bir tarafın çıkış kapısına koşmasına neden olabilir.

Cinselliğin İlişkideki Yeri Nedir?

İlişkilerde zaman içerisinde çiftler birbirini tanıdıkça ve duyguları yoğunlaştıkça cinsel olarak da paylaşımlarda bulunmaya başlarlar. İlişkide cinselliğin başlaması eşlerin birbirine duyduğu güven ve sevgiyi sağlamlaştırdığı gibi aynı zamanda korku ve kaygıların da azalmasına yardımcı olur. Kısaca her iki insan arasında kurulan bağ güçlenir.

Cinsellik ilişkide oldukça önemlidir ancak yine de erkek ve kadın doğası gereği çiftlerin cinselliğe bakışları farklı farklıdır. İki taraf da cinselliği ilişki içinde çok farklı bir yere koyar.

Kadınlar için cinsellik ilişkiye heyecan, tat, kıpırtı katarken erkekler için ilişkide cinsellik olması gereken bir şeymiş gibi görünür. Kadınlar cinselliği paylaşılan iletişimin, duyguların, davranışların bir sonucu olarak görürken erkekler için hepsi beraber ilerler, bu bir şeylerin sonucu değildir.

Kadınlar cinselliğin yaşanması için arada kuvvetli bir duygusal bağ kurulmasını beklerken erkek böyle bir an aramaz, cinsellik onun için her an gerçekleşebilir. Aslında buradaki bakış açısını etkileyen şey biyolojik farklılıklardır. Kadınlar doğaları gereği her olaya duygusal baktıkları gibi cinselliğe de duygusal bakarken erkekler tamamen içgüdüsel yaklaşırlar ve talep ederler. Kadın veya erkek ilişkilerinde cinselliğe yer vererek partnerini kendinde tutmada bir araç olarak da görebilir.

İlişkilerde cinsellik ne zaman yaşanmalıdır?

İlişkide cinsellik için doğru zaman şudur demek pek doğru olmayacaktır. Kişi eğer partnerine güveniyorsa, ondan şüphelenmiyorsa, içinde herhangi bir kuşku yoksa ve hissedilen çok yoğun duygular varsa zaman içinde yakınlaşmalar başlar ama bunun zamanını belirtebilmek pek de mümkün değildir. Bu işin modern tanımı tabii ki... Toplumumuz için bunu söyleyebilmek mümkün mü? Tabii ki hayır. Yaşadığımız kültür, toplum cinselliğin evlilik sonrası yaşanmasının doğru zaman olduğunu kabul etmektedir. Yani görülen o ki bireylerin sahip oldukları ahlak anlayışı, sosyokültürel tutumlar, kişinin cinselliğe karşı duymuş olduğu isteğe göre yaşanması gereken zaman değişkenlik gösterebilir. Doğru zaman diye bir durum söz konusu olamaz.

Kültürel ve toplumsal kısımları bir kenara bırakarak ilişki dinamiği açısından düşünürsek de cinsellik ilişkide ne kadar geç başlarsa o kadar iyi olacaktır diye düşünüyorum. Çünkü özellikle erkekler birini tanıma sürecinde cinsellik yaşanana kadar çok daha hevesli olurlar. Elde etme dürtüsüyle duydukları heyecan onları uzun süre motive eder ve çabalama hali daha yoğun duyguların ortaya çıkmasına da zemin hazırlar. Ancak bunu elde edince sönen heves hayal kırıklıklarına neden olabilir. Cinselliği bir skor olarak değil sevgiyle beraber ilişkiye katılması gerek bir paylaşım olarak görmek gerekir.

Cinsellik mutlu bir birliktelikte yemek kadar, su kadar doğal bir ihtiyaçtır. Çiftleri birbirine daha çok yakınlaştıran, sevgiyi ve aşkı besleyen bir bağdır. Cinselliği ne çok abartıp ilişkinin ortasına koymak ne de tamamen sıfırlamak doğrudur. Elbette bu herkesin bakış açısına göre değişecektir.

Neden Evlilik İstiyoruz?

Evrimsel olarak toplum içinde
başkalarıyla iletişim kurarak,
yardımlaşarak ve sosyalleşerek
hayatımıza devam etme gereksinimi
duyarız. Güvende olma ve iyileştirilme
ihtiyacı hepimizde vardır.

Aile kurabilmek, hayatı yalnız geçirmemek insanlar için hayati önem taşır. Sadece ömrü yalnız geçirmemek adına değil aynı zamanda hayatımızı paylaşacağımız bir yol arkadaşımızın olmasını isteriz. Güvende hissetme isteği, paylaşma arzusu, sevilme ihtiyacı vardır her birimizin içinde.

Evlilik, iki kişinin bir olmasıdır. Farklılıklardan bir bütün yaratabilme becerisidir. Sevdiğimiz insanla bir yaşamı paylaşmak, ondan çocuk sahibi olmak, beraberce bir yaşamı inşa etmek evlilik büyüsünü tatmak için arzu ve istek yaratır. Sorumluluklar artsa da hayatı bir başkası ile paylaşarak yaşamak pek çok yükü de hafifletir. Bu düşünce evlilik konusunda istekli olmamızın temel nedenlerinden biridir.

Evlilik kararı verilirken esasında herkesin türlü türlü motivasyonları olabilir. Kimisi kendisine inanılmaz uyumlu bulduğu biriyle bu yola çıkmak isterken, kimisi çok yakışıklı/güzel bulduğu için, kimisi kariyerine uygun gördüğü için, kimisi de sevdiği için evlenmek isteyebilir.

Ancak temeldeki motivasyonumuz mutlu olma arzusudur. Tüm bu motivasyonların arasında ıskalanan şey budur.

Bunların yanı sıra bir de içinde yetiştiğimiz kültür ve toplum dayatması da evlilik konusunda net bir karar vermemizde etkilidir. "Yaşın geldi artık evlenmiyor musun?" "Ayşe Teyze'nin kızı evlendi bak, sen hâlâ bekle!" "Evde kaldın!" gibi cümleleri pek çoğumuz duymuşuzdur öyle değil mi?

Evlilik okul, meslek kazanımı gibi şeylerin ardından yapılması gereken bir şeymiş gibi dayatılır. Olmamasının altında da türlü nedenler aranır. Sanki bir şey eksiktir ya da evlenmezse hayatın tamamlanmayacağı gibi bir algı küçüklükten itibaren yerleştirilir zihinlerimize. Özellikle söz konusu kadınlar olduğu zaman da bu dayatmayla baş edebilmek çok daha zordur. Çünkü kadın anne olmak ve çocuk doğurmak için zamanla bir yarış halindedir.

Evlilik ne hayatın inşasında mutlaka atılması gereken bir adımdır ne de dayatmayla verilebilecek bir karar. Evlilik iyi giden bir hayat arkadaşlığını taçlandıran bir şey olmalıdır. Ne kadar keyifle inşa edilirse o kadar anlamlı olan, aynı çatının altında da sevgiyle büyütülecek çocuklarla daha da zenginleşecek bir dünyadır.

Evlilik Korkusu Nasıl Yenilir?

Başarısızlık korkusu, toplumsal baskılar nedeniyle evliliğin ne olursa olsun bitirilmemesi gereken bir şey olduğunun dayatılması, aile ilişkilerinin karmaşık yapıları ve düğün, nişan gibi geleneksel uygulamaların maddi ve manevi zorlukları evlilik korkusu yaratabilir.

Evlilik hayali pek çok insanın hayalini süslese de bir de bu konuda ciddi bir anksiyete geliştirenler vardır. Onların kaderi "Ne zaman evleniyorsun?" cümlesini sık sık duymakla yazılmıştır. Peki bazılarımız evlilikten kaçar?

Evlenmiş ve boşanmış kimselerin yaşadıkları kötü tecrübeler onlar için evlilik kelimesini sonsuza dek hayatlarından çıkarmalarına neden olabilir. Ya da daha önce evlenmediği halde, çocuklukta yaşanan travmalar evlilik fikrinden uzaklaştırabilir. Sürekli kavga eden ya da boşanmış anne baba ile büyüyen çocuklar yetişkinlikte evlilik korkusu yaşayabilirler. Bu korku aynı deneyimin onların üzerinde de olumsuz izler bırakacağını düşündürür ve bu duruma bağlı olarak bağlanma sorunları gelişebilir. Ne de olsa kendi anne babası boşanmış bir çocuk evliliğin güzel yanlarını değil onda yarattığı yıkıcı etkileri görecektir.

Peki ne yapmalı?

Daha önce evlilik tecrübesi yaşamamışsanız etrafınızda gördüğünüz başarısız evlilikleri görüp kesin yargılara varmayın. Edindiğiniz yanlış şablonları değiştirin. Belki de çok mutlu bir gelecekten kendinizi mahrum ediyorsunuzdur ve bunu yaşamadan nasıl bileceksiniz? Derin yaşanmamış bir hayat heba edilmiştir. Korkularınızı rafa kaldırın ve eğer böyle bir evliliğe evrilebilecek bir ilişkiniz varsa denemekten korkmayın.

Elbette burada yine toplum ve kültür meselesine değinmem de gerekiyor. Boşanma durumlarında özellikle kadınların maruz kaldığı yanlış bakış açıları, onları evlilik kötü gittiğinde vereceği özgür kararlardan alıkoyabiliyor. Dolayısıyla da kadınlar toplum baskısı ya da yanlış algılara maruz kalmamak adına evlilik kararı vermede zorlanabiliyorlar.

Erkeklerde ise durum evlilikle beraber gelen sorumluluk duygusundan kaçınma şeklinde kendini gösterebiliyor.

Bu deneyimi daha önce yaşamış olanlar için önerim karşılaşmış olduğumuz kötü evlilik örneklerini zihinlerimizden temizlemektir. Önyargılarımızdan kurtulmak korkumuzu yenmekteki en önemli adımdır. Yanlış evlilik yapmış olabiliriz. Bu noktada meseleye neyi öğrendiğimizi anlayarak yola devam etmek en sağlıklı seçim olacaktır.

Karar verdiğinizde evlenmek istediğiniz kişiyle ilgili kafanızda soru işareti barındırmayın ve birbirinizi tanımak için zaman verin, böylelikle evlilik için duyduğunuz korku azalacaktır. Bir aile kurmak demek aynı çatı altında birleşmek, hayatı paylaşmak demektir. Hem kendiniz hem de partneriniz mutlaka paylaşmayı bilmeli, bencilliklerinden arınmalıdır ki böylece kaygı ve korkulardan kurtulabilin.

Her ne kadar bir hayatı paylaşıyor olsanız da karşınızdaki kişinin birey olduğunu ve kendine ait bir özel alanının olacağını hissettirin ki kendini kısıtlanmış ve özgürlüklerinden vazgeçmek zorunda hissetmesin. Evlilik sizin için ne demek, ne anlam ifade ediyor önce kendiniz farkında olun ve partneriniz ile bunları paylaşın, belirsizlik ve soru işaretleri barındırmayın.

Eğer ilişkinizde aldığınız evlenme kararı hâlâ taraflardan birini korkutuyorsa uzman bir danışmandan destek almanız da faydalı olacaktır.

Evlilikte Heyecan Nasıl Canlı Tutulur?

İlişkilerde monotonluğa düşmeden alınması gereken önlemler vardır. Nasıl olsa beraberiz, nasıl olsa evlendik diyerek önemsenmeyen detaylar, kim uğraşacak boş ver deyip geçiştirilen şeyler çoğaldıkça mekanik bir birlikteliğin oluşması kaçınılmaz olur. Duygudan uzak, tamamen bir makine gibi ilerleyen bir ilişki sizce yaşayan bir ilişki midir?

Ne yaparsak yapalım uzun ilişki ya da evliliğin getirdiği bir rutin ve rehavet çiftlerin üzerine çökebilir. Özellikle de evlilik aşamasından sonra bu rehavet daha ağırlaşabilir çünkü evlilik öncesindeki heyecan, tutku, çaba zamanla söner. Doyuma ulaşmış arzuları tetiklemek gerekir ki ilişki tekrar nefes alabilsin ve kalbi ilk zamanlardaki gibi heyecanla atabilsin.

İlişkimizi canlandırmak için neler yapabiliriz?

Bir kere monotonluğu kırmak için sürekli tekrarladığınız ve yaptığınız şeyleri keşfedin. Her akşam evde mi otuyorsunuz? Siz televizyon karşısında uyurken eşiniz kafasını telefonuna mı gömüyor? Ya da her hafta sonu kayınvalidenize kahvaltıya gitme planına mı uyuyorsunuz? Sosyal hayatınız tamamen bitti mi? Öncelikle kendi kontrol listenizi oluşturun ki nerede boğulduğunuzu fark edebilin.

Bu noktaları keşfettikten sonra eşinizle yapacağınız konuşmada niyetinizi açıkça ifade edin. Ondan beklentilerinizi mutlaka söyleyin. Neden mutsuz olduğunuzu, neden bazı şeyleri değiştirmek istediğinizi açık açık anlatın ve bunu yaparken suçlayıcı ifadelerden kaçının. "Bunu böyle yaparsak ikimiz de daha mutlu olabiliriz" tarzında kurulan teşvik cümleleri karşınızdakini ihtiyaçlarınızı anlatmada daha faydalı olacaktır.

Haftada en az bir gece kendinize ve eşinize zaman ayırın ve bu zamanda mümkünse baş başa olun. Beraber yapmayı sevdiğiniz, ilk tanıştığınız zamanlarda yapmaktan keyif aldığınız şeyleri tekrar hayatınıza katın. Sinemaya mı gitmek istiyorsunuz yoksa o sevdiğiniz müzik grubunun güzel bir konseri mi var? Rutini kırmak için güzel bir başlangıç buralarda gizli olabilir.

Mutlaka akşam yemeklerini beraber yiyin, hatta sofrayı beraber kurun çünkü gün içinde zaten birbirinizden uzak kaldınız. Yemek hazırlarken sohbet edin, sohbet konunuz sorunlar olmasın ama kimseyi şikâyet kutusuna dönüştürmeyin. Mümkünse gündeminizi neşelendirecek konular seçin.

Eşinizle sohbet edin, hafta sonları yan yanayken kafanızı gazeteye, telefona, televizyona gömmeyin. Hafta sonu ve tatil planlarınızda değişiklikler yapın. Bu planlara mümkünse deneyimleyeceğiniz ilginç aktiviteleri de katın. Beraber yeni şeyler keşfedin.

Eşinizle yaşadığınız cinsel yakınlık da evliliğinizin canlı kalmasında etkili olacaktır. Eşiniz sizin aynı zamanda en yakın arkadaşınız, onu böyle gördüğünüzü kendinize sık sık hatırlatın. Sürprizler yapın. Arada kendi programınız dahilinde birkaç gün uzaklaşın, yakın bir arkadaşınızla tatil programı yapmak hem size iyi gelecektir hem de eşinizi özlemek ilişkinizin heyecanını artıracaktır.

Nasıl Tip Kadın/Erkekten Uzak Durmalıyız?

Bazen ilişkilerde kötü sürprizlerle karşılaşır ve şaşkınlık yaşarız. Ancak daha ilişkinin başında hepimiz birbirimizi açık bir şekilde gösteririz. Peki bunları aslında gördüğümüz halde neden şaşkınlık yaşarız?

Evet bazen bazı sonuçlar bizi şaşırtır. "Nasıl oldu da bunu bana yaptı?" diyerek hayıflanırız. Oysa daha ilk başlarda kendimizi açık ederiz. İlişkideki beklentilerimiz konusunda, karakterimizle ilgili gizli sinyaller veririz. Elbette bazen de bunlar yeterince açık değildir. Derinlerde yatan ve ilişki ilerledikçe açığa çıkan şeyler de vardır.

Mutlu olmak için hayatımıza aldığımız insanların bize büyük bir kaos yaşatmamaları için dikkat etmemiz gereken bazı önemli noktalar vardır.

Bunlardan ilki "İlişki istemiyorum" diyen partnerdir. Kadın/erkek eğer ilişki istemiyorum diyorsa kafası bir hayli karışıktır diyebiliriz. Henüz ilişkininin tanıma aşamasında bu cümleyi duyduysanız sizi bir isteyip bir istemeyerek fikirlerini sürekli olarak değiştirecektir. Ne istediğinden emin olmayan bir partner korku ve kaygı yaşıyor olabileceğinden bu kaygılı duygu durumunu size de aktarır ve sizin kendi içinizde sorgulamalar yaşamanıza neden olur. Bu inişli çıkışlı bir yolda bisiklet sürmek gibidir, yorucudur. Kararsız bir zihin sizi de yorar.

Size her konuda bahaneler sunan birinden uzak durmak sizin için faydalı olacaktır. Sizin için harekete geçmeyen, isteklerinizi sürekli erteleyen ve buna kılıf hazırlayan biri belki de sizinle olmayı hak etmiyordur. Eğer partneriniz size herhangi bir sevgi sözcüğü kullanmıyorsa bu da tehlike sinyallerinin habercisidir. İçinde sizin hissettiğiniz sevginin bir karşılığı olmadığını belli ediyordur. Aynı şekilde size sevgisini göstermiyorsa, duygularını ifade etmede cömert değilse dikkatli olmanız gerekir.

Her fırsatta size ne kadar özgür olmayı sevdiğini dile getiriyorsa bu kişiye de dikkat etmenizde fayda vardır. Ayrıca bencil ve narsistik kişiler de ilişkilerde sadece kendi istek ve zevklerini düşünecek, zamanla sizi değersiz hissettirme eğiliminde olacaklardır. Eğer bağımlı bir kişiliğe sahipseniz narsistik yapıdaki biri sizi kolayca etkisi altına alabilir. Çünkü bir narsisi en iyi bağımlı kişilik yapısındaki biri mutlu edebilir ve bir narsis bağımlı kişiyi kolay kolay bırakmak istemez.

Sorumluluk almaktan kaçan, sürekli bahaneler sunan, eleştiren, bencil ve kendini düşünen partnerlerle uzun soluklu bir ilişki kurmak mümkün olmayacaktır.

Değersizlik duygusu yaşıyorsanız kendinizi daha da değersiz hissettirecek insanları hayatınıza alıp bu duyguyu daha da perçinlersiniz. Bu insanlar zorba, narsis, kibirli özellikler taşıyanlar olabilir. Bu tip insanlar başlangıçta çok özgüvenli ve cazibeli gözükebilir, oysa derinlerde, karakter zemininde çok büyük bir özgüvensizlik yatar. Öyle olduğu için devamlı pohpohlanmaya ve iltifata ihtiyaç duyarlar, bu onların günde üç öğün yemeği gibidir. Bu karakter özelliğindeki insanlar hayatınızda bir yerlerdeyse eğer, siz de kendinizi değersiz ve özgüvensiz hissediyorsanız kendinizi sürekli onları pohpohlarken bulursunuz. Çünkü o, sizin gözünüzde yüksek özgüvene sahip biridir.

Özellikle narsis kişi, sizin bu zaafınızı hemen kapar ve sizi daha da değersiz hissettirerek, bastırarak, aşağı çekerek, iyice kendine mecbur bırakarak yanında tutar. Çünkü aslında bu kişi o kadar özgüvensizdir ki sizden gelecek tek bir darbenin (bu terk etmek ya da aldatmak olabilir) onu hepten yok edeceğini bilir. O yüzden tüm savunmalarını indirip sizinle yüz yüze gelemez, çünkü söz konusu risk onun için çok fazladır. Kullanabileceği tek güvenli strateji siz ona haddini bildirmeden önce, size haddinizi bildirmek ve kendine mecbur kılmaktır. Ve siz giderek bir illüzyonun içine düşersiniz, kalbiniz ve ruhunuz daha da bağımlı, tutsak ve yorgun olmaya başlar.

Bu tip insanlarla mücadele edebilmek için ipuçlarını iyi okuyun. Size kendinizi değersiz hissettirdiği anları fark edin ve bunu sakın geçiştirmeyin. Çünkü bu bir kez oluyorsa daha sonra yine tekrarlama ihtimali de olacaktır. O zaman daha en başından bu kişileri tanıyın, kendinizin ne kadar değerli olduğunu bilin, kendinizi sevin ve sizi, değersizleştirmelerine söz düellosuna girmeden uzaklaşarak sınır koyun.

Burada kendi kişilik yapınızın farkına varmak, zayıf yönlerinizle yüzleşmek, hayatınıza aldığınız insanları neden istediğinizi kendinize sormak size doğru yanıtları getirecektir. Eğer zaaflarınız ve zayıflıklarınız üzerinden bir kişiye tutunuyorsanız bu eninde sonunda size zarar verecektir.

Kendinizle yüzleşin. Hayatınızdaki insanda neyi aradığınızı ve neye ihtiyacınız olduğunu kendinize sorun.

İlk Buluşmada Nasıl Davranmalıyım?

İlk buluşma demek ilk izlenim demektir. İlk izlenim ilişkinin temellerinin oluşmasında önemli bir adımdır. Eğer ilk izlenimden olumlu elektrikler alınmazsa o ilişki başlamadan ilk buluşmada sonlanır.

İşte o heyecanlı an geldi. Bir süredir hoşlandığınız, ilginizi çeken, görünce içinizin kıpır kıpır ettiren o insanla randevulaştınız ve akşam yemeği için buluşacaksınız. Ne yapacaksınız?

İlk buluşmada ince çizgilere dikkat etmek gerekir. Kendine güvenen bir tavır sergilemek isterken burnu havada imajını vermeniz saniyeler içinde gerçekleşebilir veya beğendiğinizi belli etmeye çalışan sinyaller vermeye çalışırken çok daha farklı bir imaj yaratabilirsiniz. O yüzden sözlerinizin ve davranışlarınızın senkronize olmasına özen gösterin.

İlk buluşmada beğendiğinizi göstermekten sakın kaçınmayın, ufak sinyaller ile ilginizi belli edin. Göz teması kurmaktan geri kalmayın. Kaçırılan gözler karşınızdaki insana sıkıldığınız mesajını verebilir. Yüzünüzden gülümsemeyi eksik etmeyin ama bunu da dikkatli yapın ki şımarık ve art niyetli bir imaj çizmeyin, gülümsemeniz samimi, içten, arkadaş canlısı bir insan olduğunuzu belli etsin. Samimi ve kendiniz gibi olduğunuz buluşma her zaman etkileyicidir.

Özel alanlarınızı hemen açmayın ve karşınızdaki insanı da buna zorlamayın. Bırakın kendi ne kadarını anlatmak istiyorsa anlatsın.

Yapılmaması gerek bence en önemli şey eski ilişkilerden bahsetmektir. Bu konuları konuşmak kafa karışıklığına ve yanlış anlaşılmalara neden olabilir. Karşımızdakinde istemediğimiz bir algı yaratabilir, daha başlamadan ateşe bir bardak su boca etmiş olabilirsiniz.

Heyecanlı bir şekilde kendinizi anlatmak isteyebilirsiniz ama karşı tarafı da özenle dinleyin. Bazen soru sorun, ilgi alanlarını keşfetmeye çalışın. Eğer bir birlikteliğe doğru yol alacaksanız beraber vakit geçirmekten hoşlanıp hoşlanmayacağınızı anlamak adına ortak noktalarınızı görmeye çalışın.

İlk buluşmada pek alkol almamanızı ve çok geç saate kadar devam etmemenizi tavsiye ederim. Her zaman az olan daha değerlidir. Bırakın tadı damağında kalsın.

Kendimi Ayrılığa Nasıl Hazırlarım?

Hayal kırıklığı ve ihanet karşısında kırıldığını inkâr etme... İnkâr etmek, ne kırgınlığı giderir ne de sana gerekli tecrübe için alan bırakır. Unutma sadece duygularımızı hissederek ve kabul ederek dönüşüm yaşarız.

Ayrılığa hazır olmak diye bir şey yoktur. Her zaman bir şeyler yarım kalacaktır. Ama bitirmek doğru bir kararsa, yarım kalmışlığını kendi hayatının doluluğu ile tamamlamaya da hazır olmak gerekir.

Bazen ne yaparsanız olmaz. Hayatınızda durmasını istediğiniz kişiyle ayrılık çanları çalmaya başlar.

Partnerinizle eskisinden daha az vakit geçirmeye başladıysanız, geçirdiğiniz vakitte de sık sık tartışıyorsanız, yalanlarını yakalıyorsanız, sizi eskisi gibi çekici bulmuyor ve sürekli eleştiriyorsa, tartışmalardan sonra uzlaşmak yerine konuyu büyütmeyi tercih ediyorsa bazı şeyleri değerlendirme vakti gelmiş demektir.

Peki ne yapacaksınız?

İlişkiyi bitirmenin doğruluğu kabul edilse bile, ayrılık çoğu zaman can acıtıcı bir durumdur. Kişinin hayatının çoğunluğu ilişki içinde olduğu insan ve onunla paylaştığı alanlar kaplıyorsa bu durum daha da zorlaşacaktır. İlişki içinde kendi hobilerinden, işinden, arkadaşlarından vazgeçmeyen, bunlarla hayatını dolduran taraf ayrılığı daha kolay atlatacaktır.

Bu yüzden aslında ayrılık öncesinde değil ilişki içerisinde iken almanız gereken bazı önlemler var. Bunun için tamamen partnerinizin hayatına odaklı bir hayat kurmamalı, kendi yaşam alanınızı oluşturmayı öğrenmelisiniz. Yoksa acınız daha da katmerlenecektir.

Kendi öz değerinizin farkına varmanız psikolojik olarak bu süreçte ihtiyacınız olan şeydir. Unutmayın hiç kimse vazgeçilmez değildir. Biri hayatınızdan gidiyor diye ne değerinizi ne de başka bir şeyi kaybedersiniz. Kendinizi, öz değerinizi size hatırlatacak insanlarla vakit geçirin. Onların gözünden kendinize bakın. Belki de çok mutlu olduğunuzu düşündüğünüz ilişkide kendinizden çok tavizler verdiniz, yapmak istediklerinizi ve hayallerinizi ertelediniz. Bu süreçte, bundan sonraki hayatınız için size iyi gelecek şeyleri belirleyin. Çok mutsuz ve umutsuz hissediyorsanız yeni bir hobi edinin, yeni insanlarla tanışın.

Asla ilişkinizi noktalamadan yeni birini hayatınıza almayın. Bu hem size hem de karşınızdaki insana yapılacak büyük bir haksızlık olur. Uzun ilişkilerden sonra alışkanlıklardan vazgeçmek çok zordur. Eliniz sürekli onunla yaptığınız şeylere gidecektir kaçınılmaz olarak. Belki bir süre sürekli gittiğiniz yerlerden uzak durmak, beraber dinlediğiniz şarkılara ara vermek gerekecek. Çünkü zihninizdeki sandıktan ona dair bir şeylerin çıkması aldığınız karar ne kadar doğru olursa olsun bocalamanıza ve dengesiz davranmanıza yol açabilir.

Eğer ayrılık konuşması yapacaksanız net olun. Nedenlerinizi belirleyin. Bu ilişki size zarar mı veriyor, eskisi gibi mutlu etmiyor aksine ruhunuzu mu acıtıyor? Yine de seviyorsunuz belki hem de her şeye rağmen... Ama hep dediğim gibi aklınız da yanı başınızda dursun. O konuşuyorsa mutlaka ona da kulak vermeyi bilin.

Yaşamda en çok zorlanılan zamanlar, uzun ilişkilerdeki alışkanlıklardan vazgeçmek ve değişmek zorunda kalınan dönemlerdir. Oysa bu dönemler, gelişimin kapısını açan anahtarlardır, her kayıp bir kazanç, her değişim bir gelişimdir.

Uzun ilişkilerden çıkmak neden zordur? Neden çok acıtır ve zorlar bizi?

Hayatta alıştığımız durumların ya da alıştığımız rutinlerin dışına çıkmak birçok açıdan rahatsız edicidir. Çünkü alışkanlıklar güven vericidir, zihin iyiyi ve kötüyü ayırt etmez, alıştığını ister. Bu kötü de olsa konforlu bir alandır, tanıdık bildik bir arazidir, pek fazla riski yoktur. O yüzden alışkanlıkların, günlük rutinlerin içinde kalmak isterken insan, aslında hak ettiğinden ya da başarabileceğinden daha azının içinde olduğunu fark edemeyebilir. Çünkü şartlar ne kadar kötü olursa olsun bu durumun içinden çıkmak fazladan bir cesaret ve çaba gerektirir. Bu cesareti her zaman bulamayabiliriz ve alıştığımız duruma sıkı sıkıya tutunma konusunda diretebiliriz. İnsanlar kötü giden bir ilişki içinde bile olsalar, değişimden korktukları için o ilişkinin içinde kalmayı tercih edebilirler. Hatta "Gelen gideni aratır" ya da "Alıştığın, güvendiğin liman en iyisidir" gibi sözlerle veya alıştığı dışında gelecek her şeyin alıştığı durumdan daha kötü olacağı inancıyla, negatif de olsa alıştığı durumun içinde kalmakta ısrarcı olabilir. Bu kör bir inattır aslında. Oysa bu dönemler kişinin güçlendiği, geliştiği ve kendine güvenin geldiği dönemlerdir. Uzun zamandır hatırlanmayan potansiyelin farkına varmanın, kendine güveni kazanmanın ve görülmeyen birçok fırsatın görüldüğü bir başlangıç noktasıdır. Alışkanlıklar bazen sadece tutsaklıktır ve sizi esir ederler. Bugün kayıp olarak gördüğünüz şey yarın büyük kazanca dönüşebilir. Her kayıp bir kazanç, her değişim bir gelişimdir.

Vazgeçmek Beni Zayıf Biri mi Yapar?

Hayattaki en büyük atılım vazgeçmeyi öğrenmektir. Vazgeçebilen kişi, başkalarına değil, bir tek kendine tutunur ve yaşamdaki birçok farklı fırsatın kapısını aralar.

Hayat bazen bir şeyleri bırakınca tamamlanır. Bazen bir insanı, bazen işe yaramayan bir düşünceyi, sıkı sıkıya sarıldığınız ama bitmiş bir ilişkiyi geride bırakmak gerekir.

Çevrenize bir bakın. Sizi frenleyen, engelleyen kişiler ya da durumlar var mı? Kötü giden ama vazgeçemediğiniz ilişkiler, hiç sevmediğiniz bir işiniz, hoşlanmadığınız halde bulunduğunuz durumlar, güvenmediğiniz halde yalnız kalmamak adına sürdürdüğünüz arkadaşlıklar, zorla gülümsediğiniz sahte insanlar; yalnız kalmaktan ya da kaybetmekten korktuğunuz için kabullendiğiniz birçok ilişki dinamiği hayatınızda yer alıyor mu?

Geride bırakmak zordur. Bunu başarısızlık yaftasını kendimize yapıştırmamak adına ya da hayatımızdan çıkartacağımız şey neyse gittiğinde eksik kalacağımız korkusuyla yapmak zor gelir. Ancak bu durum hayatınızdaki yeni deneyimleri engeller ve tıkanmaya yol açar. Eğer yol alamadığınızı görüyorsanız, sizin için işler ilerlemiyorsa ve mutsuzsanız, huzurunuz yoksa bir şeylerden vazgeçme zamanı gelmiş demektir.

Eğer vazgeçmekle sınandığınız şey bir ilişkiyse kendinize şu soruyu sorun: Bu ilişkiye tutunmanızın amacı nedir? Hayatınıza ve size hangi değeri katıyor? Katmıyorsa sizi ondan vazgeçmekten alıkoyan ne? Bu soruların net cevaplarını bulmanız çok çok önemli çünkü sizi mutsuz eden ilişkilerin içinde kaldıkça kendi öz değer duygunuzu yok etmeye başlarsınız.

Nedensizce bir ilişkiye sıkı sıkıya tutunmak "Benim hak ettiğim değer bu kadar..." "Değersizim..." "Yetersizim..." algısıyla hareket etmenizden kaynaklanır. Bazı döngülerde ilişki dinamiklerini biz oluştururuz ve bizi mutsuz eden ilişkilerden vazgeçmemeyi seçerek "Benim değerim bu ve ben kötü bir ilişkiye layığım" deriz aslında. Kendi değerinizin bilincinde olduğunuz bir ilişki yaşayabilmek için -ki bu ister aşk ilişkisi olsun, ister arkadaş ilişkisi- size neyin neden iyi gelmediğini bulun. Vazgeçmeyi göze alanlar başkalarına değil bir tek kendilerine tutunurlar ve yeni fırsatların kapılarını açarlar.

Bazen yürüyüp gitmeniz gerekir. Başarısız olmaktan, pes etmekten, teslim olmaktan hepimiz nefret ederiz. Meydan okumayı, uğraşmayı, emek verdiğimiz her olgu için daha da fazla çabalamak isteriz. Ama bazı durumlarda ne yaparsanız yapın şartlar düzelmez ve kendinizi bir mutsuzluk çemberinde debelenirken, galibi olmayan bir savaşta savaşırken bulursunuz. Bu anlarda girdiğiniz anlamsız çabayı fark edip soğukkanlılıkla omuz silkmeniz, gururunuz kırılmadan, itibarınız sarsılmadan uzaklaşmayı öğrenmeniz gerekir.

Yaşadığınız ilişki öldüyse mutlu olmak için onu diriltmekle uğraşmayın. Kendinizi boş yere hırpalamak yerine doğru zamanda gitmeyi öğrenin. Bir ilişkinin sonunun yaklaştığını hissediyorsanız, size zarar verecek şekilde uzatmak ve kötü bir şekilde tüketmek yerine oyundan çıkmak sizin elinizdedir. Bırakıp gitme sanatını öğrenin. Bunun başarısızlıkla, yenilgiyle bir alakası yok, bu tamamen sizin kendinize olan saygınız, sevginiz ve güveninizle ilgilidir.

Hesaplaşmak, intikam almak, karşınızdakinin canını yakmak isteyebilirsiniz ama bunun bir faydası yoktur. Bu en çok size zarar verir. Bırakın gitsin, bu ödeşmekten çok daha iyidir çünkü sizi yoran şeyi aştığınızı gösterir, üstelik bir şeyi geride bırakıp göz ardı etmekten daha iyi bir ödeşme şekli yoktur. Bırakıp gitmek, kontrolün sizde olduğunu ve karar alma yetinizin olduğunu gösterir. Durumun sizi kontrol etmesindense siz kendi seçiminizi kendiniz yapmış olursunuz...

Vazgeçmek sizi zayıf biri yapmaz aksine bu sizin aslında ne kadar güçlü olduğunuzun göstergesidir. Hayatı seçme iradenizi elinize alın ve bu seçimi başkalarına bırakmayın çünkü hayatınızın merkezinde siz varsınız. Geri kalan her şey sizin etrafınızda gerçekleşiyor.

Sizi alıkoyan düşüncelerden, başkaları ne der kaygılarından, yalnız kalmaktan, daha iyisini bulamam korkusundan arınıp hayatın iplerini elinize alın ve ona istediğiniz gibi yön verebilmenin zevkini yaşayın. Üzerinize çöken bu ağır yük gibi gelen şey aslında çok kolayca kaldırılıp atılabilen bir örtü gibidir. Bunu bir kez deneyimlediğinizde yaşayacağınız hafifliğe siz bile inanamazsınız.

Kendinizle ve gerçeklerinizle yüzleşin. Bu sizin kendiniz için yapmanız gereken bir görevdir. Nasıl ki başkalarını mutlu etmek için çırpınıyorsanız neden kendiniz için de iyi şeyler yapmayasınız? Bunu hak ediyorsunuz.

Nasıl Affedebiliriz?

Geçmişte yüzleşemediğiniz, affedemediğiniz ve çözemediğiniz acı veren her durum sırtınıza yük olur. Affetmek, sizi üzen kişilerden ve durumlardan vazgeçmektir. Duygusal özgürlük için affedin ve vazgeçin.

İlişkilerde de affetmenin belli kuralları vardır. Partneriniz sizi gerçekten kıracak, üzecek bir şey yaptı ve şimdi de karşınıza geçmiş sizden af diliyor. Ne yapacaksınız?

Affetmek duygusal özgürlük sağlayan bir şeydir. Bazen birinden duygusal olarak uzaklaştığımızı hissetsek bile küskünlüğün, kırgınlığın ağır yükünü üzerimizden atmak adına o kişiyi affetmeyi seçmeliyiz. Eğer hata yapan eşinizi, sevgilinizi tekrar hayatınıza alacaksanız da enine boyuna bir değerlendirme yapmalı, aklınızla hareket etme yolundan da şaşmamalısınız.

Diyelim partneriniz bir hata yaptı ve ilişkiden vazgeçtiniz. Bir süre sonra da pişmanlıkla geri döndü ve sizden af diledi. Ne yapmalısınız?

Öncelikle siz onu affetmeden önce sizi kaybetme korkusunu ona hissettirmeli, sizden mahrum kalarak bir süre bedel ödemeli ve bir daha yaparsa affedilmeyeceğini bilmelidir. Alışkanlık haline gelen gidiş-dönüşler bir süre sonra saçma bir oyun halini alabilir. "Ben ne yaparsam yapayım yine affedilirim" düşüncesi karşınızdaki insanda yerleşik hale gelebilir ve bu da sizin ilişkideki değerinizi sarsar.

Affetme gerektiren bir durum sizde üzüntü, kırgınlık yaratmış olabilir. Bu kişiyi affedip tekrar kabul ediyor olmanız demek bir anlamda bu kişinin sizi tekrar üzüp kırmasına izin vermeniz demektir. O zaman tekrar üzülme ihtimalini azaltmak için affetmeden önce yapmanız gereken bazı şeyler olmalı.

Ne gibi?

Öncelikle kişinin neye kırıldığınızı, kızdığınızı kesinlikle anlamış, kabul etmiş, empati yapabilmiş ve durum için üzülmüş olması gerekir. Sizi üzen gerçek şeyi ona ifade edin. Bu yüzden sizin onunla iletişimi tamamen kesme noktasında olacağınızın ciddiyetinizi anlasın, vazgeçilebilir olduğunu hissetsin. Hatta gerçekten sizi bir süreliğine kaybetmesi yaptığı hatayı anlaması adına çok daha garantili bir yol olur. Siz geri döndüğünüzde ya da tekrar iletişim kurmasına izin verdiğinizde de bir daha yaparsa asla affedilmeyeceğine inanırsa bu hatanın tekrar edilme olasılığı çok daha az olur.

Bu süreçler affedilecek durumun küçüklüğüne büyüklüğüne, ne kadar yanlış ya da acı algılandığına göre değişse de, onu affedip hayatınıza tekrar alacaksanız mutlaka bunları hissetmeli. Yoksa sürekli affeden pozisyonda bulursunuz kendinizi, inandırıcılığınız, değeriniz azalır.

Özgürlük sınırlarımızı her ne kadar kendimiz belirliyor gibi gelse de aslında karşımızdaki insan da özgürlük çemberimizi sınırlar. Yani tercihler, seçimler, kendinizi iyi hissetmek adına atılan adımlar çok önemlidir ama bunun ucu ilişki içinde olduğunuz kişinin haklarını ihlal etmeye gidiyorsa orada durmanız gerekir.

İlişkilerde sizi mutsuz eden ya da rahatsız eden durumlar oldu ise dur demek en doğal hakkınızdır. Eğer tekrar tekrar affediyor ve sonucunda bu davranışların hiçbirinin değişmediğini görüyorsanız o zaman karşınızdaki kişi, bu sürece alışmış ve sizi kırıp gönlünüzü almak çok kolaylaşmış demektir. Siz affettikçe kırılmaya ve değersiz hissetmeye başlarsınız ve bu durum tekrarlandıkça içinizdeki kırılar çoğalır. Ve karşınızdaki insan için sizi kırmak normalleşmeye başlar, sizin o kadar da üzülmediğinizi düşünür ya da üzülmeniz çok önemli olmamaya başlar. Kimseyi affedilmeye alıştırmayın, her şeyin bir bedeli olmalı, kendi değerinizi bir tek siz belirlersiniz.

Hayat ağır yükler bindirir omuzlarımıza. Bazen annemizi, bazen babamızı, bazen de kardeşimizi, bazen de çocuğumuz yani kan bağı taşıdığımız birini affetmek ya da affetmemekle sınanırız. Bu ağır bir sınavdır çoğu kez ve hayat yolculuğunda bizi en çok dönüştüren ve değiştiren şeyler arasındadır. Aile arasında yaşanan küslükler ve çatışmalar hayatın her alanına sirayet edecek bir etki yaratır. Ancak affetmemiz gereken kişi bazen de kendimizizdir. Ve en çok kendimizi zor affederiz.

Geçmişte yaşadığınız olaylar ve bu olaylara karşı tavrınız ve hisleriniz, belli durumlarda nasıl davranacağımızı, nasıl seveceğimizi, sevip sevmeyeceğimizi, başkalarına nasıl muamele edeceğimizi, hayatımızı etkileyen birçok zorlukla nasıl başa çıkacağımızı ve hayatımıza nasıl kişiler alacağımızı belirler. Kısaca geçmişiniz geleceğinizi yaratır. Geçmişten kalmış çözüme kavuşmamış çatışmalar ve sorunlar yüzünden, hayal kırıklıklarınızı, öfkenizi, yenilgilerinizi bugüne taşımış olabilirsiniz. Bu yüzden birçok hedefinize ulaşamıyor ya da ilişkilerinizde dikiş tutturamıyor olabilirsiniz. Geçmişte yüzleşemediğiniz, affedemediğiniz ve çözemediğiniz acı veren her durum sırtınıza binmiş bir yüktür. Bu da bugününüzü doyasıya yaşamanızı, yarınlara da umutla bakmanızı engeller.

Geçmişin getirdiği yüklerden arınmak için önce kendinizi affetmeli, kendinizi suçlamaktan ve hırpalamaktan vazgeçmelisiniz. Sonra geçmişte ilişkide olduğunuz kişileri affederek, tüm hatalarınızı ve o insanları deneyim olarak görüp ders çıkararak, size acı da olsa kazandırdıkları şeyleri bularak, derslerinizi alarak ve bunları fark ettikten sonra değişime ve dönüşüme açık olarak hareket etmelisiniz. Geçmişin bulanık suyuna bakarak yeni bir şey görme ihtimali yaratamazsınız.

Şimdi tam şu an durun ve bunları düşünün: Kendinize olan kızgınlıklarınızı, geçmiş ilişkilerinizdeki hâlâ öfke duyduğunuz, affedemediğiniz kişileri; tekrarlayan hatalarınızı ya da deneyim olarak göremediğiniz kızgınlık dolu yanlışlarınızı düşününün... Sırtınızda taşıdığınız bir öfke yükünüz var mı? Kimi affedemiyorsunuz? Kimin ismini hatırladığınızda ağzınızdan öfke dolu sözcükler dökülüyor? Haydi şimdi bakış açınızı değiştirmeye çalışın.

Nasıl mı?

Size ne öğrettiklerini bulduktan sonra onları affederek...

Son Söz

İnsanız; yanlışlarımızla, doğrularımızla, başarılarımızla, başarısızlıklarımızla, sevdiklerimizle, sevemediklerimizle yaptığımız ve var olduğumuz her şeyde her an gelişiyor ve büyüyoruz. Bazen canımız o kadar acır ki hayata küsüp büyümeyi ve gelişmeyi unutabiliriz. Oysa varlığımızın en anlamlı kısmı hatalarımızdan, tecrübelerimizden ders alarak gelişmek, ilerlemek ve en büyük besinimiz sevgiye her zaman yer açmaktır. Unutmayın, hiçbir zaman, bir daha sevemeyecek, yeni bir hedefin peşine düşemeyecek, yeni hayaller kuramayacak kadar yaşlanmayacaksınız. Hâlâ nefes alıyorken yaşamdan istediğinizi alın. İhtiyacınız olan tek şey umut. Düşüncelerinizi umutla doldurun, o zaman her şey çok daha güzel olacak, yaşınız kaç olursa olsun, ölmeden önce her an kıymetini bilin. Bugün bu kitabı bitirdiniz, şimdi hayatınızı nasıl en iyi şekilde yaşayacağınızı, ne kadar değerli olduğunuzu ve bu değerinizi nasıl koruyacağınızı biliyorsunuz. O zaman bugünden itibaren yeni hayatınızın ve yeni sizin ilk gününe hoş geldiniz. İyi ki doğdunuz... Bundan sonra hayatınızın ipleri elinizde...

ESRA EZMECİ

SÜT LEKESİ

Her insan lekeli midir?

Ne zaman bulaştı bu lekeler bize?

Habil ile Kabil zamanında mı?

Bir yara mıdır bu leke, bir nişan mıdır yoksa?

Masum, saf ve temiz olarak dünyaya gözlerini açan insanoğlu, neden bu dünyayı yaşanmaz kıldı?

İnsan kötülükle mi doğar, sonra mı kötü olur?

Bir bebek, başka bebeği gördüğünde neden rahatsız olur, neden onu tırmalar, canını yakar?

SÜT LEKESİ insanın içsesi olmaya aday bir roman. Kimseye söylemediklerimize, yalnızken kendimize bile fısıldayamadıklarımıza, aklımızdan bile geçiremediklerimize ışık tutuyor.

Acı içinde kıvranırken gelen mutluluğu, karanlık içinde boğulurken yanan ışığı, çaresizlik içinde debelenirken yanı başınızdaki çareyi göreceksiniz.

Sadece iyiyi ve güçlüyü değil, kötüyü ve zayıfı da anlayacak, önyargılarınızdan rahatsız olacaksınız.

Uzman Psikolog
ESRA EZMECİ

Kararı Ben Veririm

Her yeni ilişki temiz bir defterdir. Yaşadıkça yepyeni bir hikâyenin yazılıyor olduğunu bile düşünürsünüz.
Ancak sonra bir de bakarsınız ki defter aslında boş değil...
Çocukluk anıları, travmalar, eski ilişkilerin yaraları, paternler, inançlar, kalıplar, alışkanlıklar, takıntılar, korkular, endişeler, beklentiler, kompleksler ve daha neler neler...
İşte tam da bu noktada karışır işler.
Çünkü artık ilişki sizden emek ister. Üstelik de en çok kendinize emek veriyor olmanızı ister. Hiçbir ilişki, akıntıya kapılıp gitmek değildir, kürekleri güvenle elde tutmaya devam etmektir.
Ne isteyip ne istemediğinizin kararını kendiniz veremediğiniz sürece yaşanan şey bir sürüncemeden fazlası sayılmaz.
Unutmayın ki kimse sizi mutsuz edemez, ancak siz buna izin verirsiniz. O halde mutsuzluktan yakınmayı bırakın. Hayatınızda neyin olmasına, neyin olmamasına sebep olduğunuz gerçeğine uyanın.
İlişkisini yöneten, hayatını da yönetir kuşkusuz. Ancak bunun için kim olduğunuzla yüzleşmelisinizdir önce...
Nasıl mı?
Tabii ki bir karar vererek...
Bu kitabı okumakla kalmayıp Uzman Psikolog Esra Ezmeci'nin sayısız danışmanlık hizmetinden sonra incelikle üzerinde durup çalışarak sistematikleştirdiği önerilerini uygulamaya da karar verdiğinizde, hayatınızda gerçek bir temiz sayfa açabildiğinizi deneyimleyeceksiniz.

Uzman Psikolog
ESRA EZMECİ

Kadınlar Sıcak Erkekler Soğuk Sever

İlişkilerin doğası karmaşıktır. İnişleri çıkışları vardır. Kadınla erkek arasında işler her zaman yolunda gitmeyebilir, tıpkı hayat gibi... İlişkiler bazen sıcaktır, içinizi ısıtır, bazen soğuktur ürpertir.

Her ilişkinin kendince bir ritmi vardır ve hep değişkendir. Kadınla erkeğin doğası birbirine hiç benzemez. Problem çözme becerileri, yalnızlıkla başa çıkma yolları, ilişkiden beklentileri, iletişim modelleri, cinselliğe bakışları ve motivasyonları çok farklıdır.

Bir kadını elde etmenin yolu ondan uzak durmak yerine ona ilgi göstermekken, bir erkeği elde etmek için dozu iyi ayarlanmış mesafelere ihtiyaç vardır.

Çok satan *Düştüğünde Kalkarsan Hayat Güzeldir*, *Kararı Ben Veririm* ve *Süt Lekesi* kitaplarının yazarı Uzman Psikolog Esra Ezmeci, bu kez kadın erkek ilişkilerinin doğasını ve dinamiklerini enine boyuna yatırıyor masaya. Sunduğu basit ve etkili önermelerle kadın erkek ilişkilerinde yaşanan kısırdöngüleri kırmak hiç de zor değil...

Uzman Psikolog
ESRA EZMECİ

İz Bıraktığın Kadar Varsın

Kusursuz bir bütün için harikulade parçalar gerekir. Tıkır tıkır işleyen bir sistem ancak böyle yürür, bir kovandaki arıları ya da devasa bir karınca yuvasını düşünün. İlişkiler de böyledir, hiçbir şey tek başına tüm ilişkiyi ayakta tutmaya yetmez.

Fırtınaya yakalanmış bir tekneye yelkenler tek başına yardımcı olamaz, sağlam bir motor, belki devreye girmesi gereken kürekler ve güvertede teknenin seyrini sağlayan hünerli birkaç insan lazımdır.

Bu bir keşif yolculuğu olacak, yelkenlerinizi ayarlayın, birazdan rüzgâr onları şişirecek ve gitmeye korktuğunuz yabancı kıyılara sürükleneceksiniz. Korkmayın, bu yabancı topraklar aslında şimdiye dek ayak basmadığınız kendi kıyılarınız olacak...

Uzman Psikolog Esra Ezmeci bu kez cinsellikten çapalamaya, eril ve dişil enerjilerden iletişime iz bırakmanın ve vazgeçilmez olmanın yollarını anlatıyor. İlişkilerde cesaretin ve özgür doğanızı hissettirebilmenin fark yaratan, devrimci yollarını incelikle tarif ediyor.

Tarih nice korkak insan hikâyesiyle doludur ama biz hiçbirinin adını duymamışızdır. Cesur olduğunuz kadar iz bırakırsınız ve iz bıraktığınız kadar yaşarsınız...